高等职业学校旅游管理专业教材

旅游资源管理基础

The Basic of Tourism Resource Management

栗书河　张　健　主编

中国轻工业出版社

图书在版编目（CIP）数据

旅游资源管理基础 / 栗书河，张健主编. —北京：中国轻工业出版社，2020.4

高等职业学校旅游管理专业教材

ISBN 978-7-5184-2533-4

Ⅰ. ①旅… Ⅱ. ①栗… ②张… Ⅲ. ①旅游资源－资源管理－高等职业教育－教材 Ⅳ. ①F590.3

中国版本图书馆CIP数据核字（2019）第126073号

责任编辑：方晓艳　贺晓琴　　责任终审：劳国强　　整体设计：锋尚设计

策划编辑：史祖福　方晓艳　　责任校对：吴大鹏　　责任监印：张　可

出版发行：中国轻工业出版社（北京东长安街6号，邮编：100740）

印　　刷：河北鑫兆源印刷有限公司

经　　销：各地新华书店

版　　次：2020年4月第1版第1次印刷

开　　本：787×1092　1/16　印张：14

字　　数：313千字

书　　号：ISBN 978-7-5184-2533-4　定价：45.00元

邮购电话：010-65241695

发行电话：010-85119835　传真：85113293

网　　址：http：//www.chlip.com.cn

Email：club@chlip.com.cn

如发现图书残缺请与我社邮购联系调换

190129J2X101ZBW

本书编委会

主　编　栗书河　张　健

副主编　陶艳红　张有山　芦　珊

参　编　李秋英　闫小璐　张晓璐　佟海远

　　　　　李业满　宋　坤　周焱焱

前言

旅游资源的管理以资源认知为基础，在全域旅游发展的新时代，学习掌握旅游资源知识对于社会从业人员及院校师生都有着非常重要的意义。

目前，《旅游资源分类、调查与评价》标准已经由2003版更新为2017版，本课程针对高等院校旅游专业教育教学基本培养能力目标和方向，依据《旅游资源分类、调查与评价》（GB/T 18972—2017）内容，将8大类、23亚类、110个基本型旅游资源标准规范内容全面转化为系统知识的学习课程任务。本教材的开发填补了旅游专业基础能力课程知识量的不足，对旅游专业人才知识能力培养教学结构的合理调整起到支撑作用。

本课程教材由中国管理科学学会旅游管理专业委员会副主任栗书河、秦皇岛职业技术学院旅游系张健担任主编，秦皇岛职业技术学院旅游系陶艳红、张有山、唐山市体育运动学校芦珊担任副主编，中科数景秦皇岛信息技术有限公司李秋英、闫小璐、张晓璐、佟海远、李业满、宋坤、周焱焱等参与编写。中科数景秦皇岛信息技术有限公司依托自主开发的旅游资源管理采集、评价、发布等技术软件，同期开发了与教材配套的实践教学课程软件，可以让学生把掌握的旅游资源知识实际转化为调查分类等实践能力。

本教材以实景图像与旅游资源基本类型对应类举，符合学习认识规律。本教材由中国管理科学学会旅游管理专业委员会特别推荐，适用于旅游类管理专业本科与高职高专教学，及政府旅游管理部门工作人员培训学习。

2019年1月20日

课程说明

1. 课程教材性质及定位

《旅游资源管理基础》是高等院校旅游管理专业实践型深化改革核心课程教材。本教材涵盖了旅游资源基础知识、等级评价、旅游资源信息管理软件系统应用操作等基础内容，教材中旅游资源分类标准按照国家旅游局《旅游资源分类、调查与评价》（GB/T 18972—2017）相关技术内容展开，软件系统为中科数景秦皇岛信息技术有限公司旅游资源信息管理平台。

本课程是旅游管理专业产教融合工学一体化实践型课程教材，包括教材、实训软件系统、课程训练数据库、旅游资源信息管理大数据系统实践等。

2. 课程教材内容

本教材以旅游资源类型构成知识主线，按照国家标准《旅游资源分类、调查与评价》（GB/T 18972—2017），以旅游资源分类构成架构引出8大类、23个亚类、110个基本型内容，以及旅游资源信息管理系统介绍，从而达到让学生掌握110个旅游资源基本类型的知识与评价判断能力，同时，本教材就每个单体旅游资源基本型提供了可开发的旅游业态方向提示，从而让学生能够应用旅游资源信息采集与管理软件系统，建设旅游资源数据库并提供开发建议的实际工作能力。

本教材主要内容包括：旅游资源管理基础、旅游资源信息管理系统、旅游资源类型详解内容及旅游资源开发四部分。

3. 课程教学目标

通过课程的讲授和实践训练，能够达到以下教学目的。

（1）了解旅游资源分类标准规范；

（2）掌握旅游资源全部类型知识；

（3）熟练掌握旅游资源评价方法；

（4）熟练掌握旅游资源信息管理采集与发布系统操作。

4. 教材适用专业

旅游管理专业本科高职通用。

5. 课程学习与实践软件配套

（1）旅游资源评估与信息化管理课程学习资源平台；
（2）旅游资源信息采集评价与管理系统实训软件。

目录

第一章 旅游资源基础

学习目标

通过本章节的学习，使学生了解旅游资源的学科属性，理解旅游资源在旅游业发展中的地位和作用，掌握旅游资源的概念；了解旅游资源分类背景与分类原则，掌握旅游资源类型表，对全部旅游资源基本类型的科学调查有深刻认识；了解旅游资源信息管理平台的功能并能进行熟练操作。

旅游管理实践中的困境

开发旅游，不差资源差认知

具有旅游价值的场所遍地都是，差的不是资源，而是认知。

胡先生一早就从浙江新市出发，打算带亲戚感受一下莫干山下的农家乐和洋家乐。车至老虎潭水库，亲戚却以为到了对河口水库，其实胡先生自己也是第一次来老虎潭水库，没想到德清家门口的风景竟也这么好，连自己也被惊着了。过了老虎潭，又至德清境内，在满眼绿色的山沟里，两位亲戚被鳞次栉比的农家乐、洋家乐建筑所倾倒，找了一处农家乐吃了午饭，坐在窗前看风景，一坐就是两个多小时，临走时还特意让店家打包了一碗笋菜。再从庾村经筏头到对河口时，亲戚以为又回到了老虎潭水库，当搞清是两个不同的水库时，亲戚大呼，德清好地方。

对德清旅游的资源和价值缺乏认知的人不在少数。前不久，德清邻县的几位“文化人”突发奇想，仿照古人，乘船来德清旅游。于是这几位“性情中人”，凑钱合买了一条小游艇，准备到新市来一次“水上游”。虽然，他们对新市及来新市的公路极为熟悉，但从水上走，就像古人一样，回到了“原始社会”。一是，地图不够用了。二是，问及岸边的路人，大多答不上来。寻找水路导航，智能手机一点也不智能，常常一片空白，乡村的港汊根本没有信息，它不像陆上的公路，即便乡村的小公路，也能找到信号。这几位“性情中人”，驾着小游艇，像驶入迷宫一样，在河港里打转走回头路，却反而觉得更加有趣了。显然，德清的“水上游”还是一片处女地，至少水路导航信息尚没有像陆路导航那么被重视。德清中东部的水网村村相通，借助浙江大花园建设的东风，德清或许能做出别人难以模仿的旅游项目。

多年前，一群外国友人经过德清朋友的介绍，组团从上海赶来德清自驾游。他们在高速、国道、省道上转悠了半天，觉得很不过瘾。于是，这位德清朋友征求了他们的意见，将他们带到三桥的一处村道上，有的路段还是泥路，路上长满杂草。不料，这群外国朋友对这段没有被“包装”过的道路兴奋异常。其中一辆车因为转弯不慎还侧翻在路边，把那位德清朋友吓傻了。更令人想不到的是，侧翻在路边的外国朋友竟然开心异常，不停地哈哈大笑，说德清真好玩。闻讯而来的村干部非常担心，问要不要救援。几位金发碧眼的外国人却说，没关系，这个地方太适合自驾游了。

这些例子告诉我们，全域旅游，可以尝试和开发的空间远远超过一般人的想象，不是我们的旅游资源太少，而是我们缺乏认知。

第一节 旅游资源概念

一、“旅游资源”相关定义

“旅游资源”是旅游业基础概念，国内外专业人士有着不尽相同的解释，有代表性的大致有以下四类。

- “人们在旅行游览过程中，一切所感兴趣的事物”；
- “凡能够吸引游者的自然因素和社会因素”；
- “凡能为旅游者提供游览、观赏、知识、乐趣、度假、疗养、娱乐、休息、探险猎奇、考察研究，以及友好往来的客体和劳务”；
- “凡是能够激发旅游者的旅游动机，为旅游业所利用并由此产生经济效益和社会效益的现象和事物”。

这些定义，将旅游资源置于一个广阔的空间，对定义中涉及的问题的思考，将有助于对旅游资源的理解。

1. “旅游资源”标准定义

国家标准《旅游规划通则》（GB/T18971—2003）、《旅游资源分类、调查与评价》（GB/T18972—2017）（以下简称国标）中“旅游资源（tourism resources）”统一解释为：自然界和人类社会凡能对旅游者产生吸引力，可以为旅游业开发利用，并可产生经济效益、社会效益和环境效益的各种事物和因素，均称为旅游资源。国家标准《旅游业基础术语》（GB/T 16766—2010）中，旅游资源（tourist resources）解释为：对旅游者具有吸引力,并能给旅游经营者带来效益的自然和社会事物的总和。这些是目前国内旅游业基础概念的标准定义，也是本书内容的基础定义。

对于这一定义，可以从以下几个方面认识理解。

（1）旅游资源认定的核心是具备吸引力

构成旅游的三个要素，旅游主体（旅游者）、旅游客体（旅游资源）和旅游媒介（旅游业）中，作为旅游客体的旅游资源具有的对旅游者吸引功能，表现在它对旅游者所激发起的旅游动机，这包括由于旅游资源本身或旅游资源所构成的旅游产品能够满足旅游者开阔眼界、满足好奇、扩大阅历、休憩养生、锻炼体魄、积累知识、交流情感等需求，也涵盖了对自然美的向往，对娱乐、休闲、度假、健身、康疗的需求，对精神文化的探索等愿望。

（2）旅游资源范围广泛及开放性

国标中定义提到的旅游资源涵盖了地理圈层内和历史进程中形成的一切有形实体、精神要素和某些相关环境，时空扩展范围异常广阔。近现代旅游主体发生了明显的变化，旅游活动逐渐大众化，除了观光游览外，休憩、康乐、健身、探险、求知、生态与环境保育等旅游活动渐次加入，随着自然界事物和人类社会的不断发展变化，人们生活经历的日益丰富和知识的逐渐积累，使旅游者群体结构时刻在发生变化，旅游者的队伍迅速扩大，旅游者的需求也会从单一走向多元，从表象步入深化，从物质追求转向精神追求。在这样的形势下，作为吸引旅游者的旅游资源就不再是一成不变的，它的开放性质表现在它的应变状况，不断注入新的内涵，不断推陈出新，使旅游资源成为变数较大的资源类型。

（3）旅游资源的限定属性

旅游资源被规定“对旅游者产生吸引力”，属于一般原则，这里说的旅游者是指旅游者群体，至少应是其中的大多数，只是个别人有兴趣，而对其余人索然无味的，不能成为旅游资源；从事一般劳务的人员，因为发挥的主要是媒介作用，不能成为旅游资源；探亲访友对象，是旅游者的个别行为目标，同样不能成为旅游资源；旅游设施和一般的旅游服务，属于旅游开发中的旅游环境和旅游条件，不能成为旅游资源；限于条件暂时不能开发的，可以不认为是现实的旅游资源，但可列为“潜在旅游资源”。至于未来的、甚至难以预料的吸引因素，一般不构成旅游资源。

（4）与旅游业的必然联系

旅游资源“可以为旅游业开发利用”，即旅游资源必须是现代社会行为旅游活动的关注对象，而非仅供研究的理论产物和个人活动的目的物。旅游资源在开发过程中，不同阶段可能有不同形态和不同内涵，但只要正在被旅游业利用或未来能够被旅游业利用，都被认为存在着必然联系。

（5）旅游资源开发产生统一的经济效益、社会效益和环境效益

旅游资源被开发后必须同时产生经济效益、社会效益和环境效益，整体是健康积极向上的。达不到这一要求的任何事物和因素，都不能称为旅游资源。

2. 旅游资源群/旅游资源聚集区

旅游资源群是指占据一定地理空间同类旅游资源的集合体，是旅游资源分类体系中某一类旅游资源单体的集群。不同类旅游资源单体集合而成的称为旅游资源聚集区。

在旅游资源的评价研究过程中：资源类型多样，对评价模型的综合性要求高；数量丰富，存在对定量评价对象的合理取舍问题；目标宏大，服务的是宏观层次上的区域旅游开发规划；内容复杂，评价工作量大。必要时以“旅游资源群/旅游资源聚集区”取代“旅游资源单体”作为研究对象。

3. 旅游资源开发条件

旅游资源开发条件是指决定/影响旅游资源转化成旅游产品的可行性、经济效益、发展规模和程度的外部条件；以及影响旅游资源开发的可行性、开发效益、开发规模和程度的外部条件。

旅游资源开发条件是相对旅游资源本体而言，指旅游资源所处环境及转化成旅游产品的影响

因素和外部条件。

二、旅游资源学的学科属性

1. 应用科学性质

旅游资源学是一门为旅游业服务的应用型科学，研究和旅游业共生共存的旅游资源类型，研究旅游资源资料和数据采集方法与手段，关注旅游资源在旅游规划和旅游项目设计中、在旅游地和旅游环境保护中、及旅游法规建设中、数字旅游建设中的状况。

旅游资源分类是旅游资源学的基础研究，研究者将那些能够为旅游业开发利用的事物和因素定为旅游资源类型，并明确指出这些类型可以产生经济效益、社会效益和环境效益，旅游资源学研究这些类型的实用目的就十分明显。

旅游资源资料和数据采集是旅游资源学实际运作的一个重要过程，操作人员必须始终注意将那些有开发价值的旅游资源单体信息详细记录下来。

在旅游规划和旅游项目设计中，首要任务是发现和挖掘规划区和项目中的优质旅游资源，并将某些旅游资源单体或旅游资源组合体定为该区和该项目的旅游开发对象。

旅游地为了旅游资源和旅游环境的保护，会要求对某些旅游资源单体的特殊性质，如其结构、物质组成、物理化学性质等进行详细测量，并对旅游资源的赋存环境开展必要的检测，也都具有实用目的。

在旅游法规建设中，旅游资源的管理、旅游资源的开发、旅游资源的保护都是各法规文件的主要内容。

在旅游信息化建设过程中，旅游资源信息是其中的主要内容，为此，加强对旅游资源单体的数据系统、赋存环境的数据系统、旅游资源开发条件的数据系统进行全面深入的采集和归纳，是实际工作的实践需求。

2. 区域科学性质

区域科学，又称空间科学。区域科学将区域内的一切自然、人文、社会要素视为一个综合体，研究它们彼此间的关系和差异。旅游资源所在的空间区域就具有这样的性质，在一定的区域内，不同性质的旅游资源彼此间的关系和差异，是旅游区域旅游资源研究的主要内容，所以旅游资源学的研究具有区域科学的性质，主要表现在以下四个方面。

（1）研究旅游资源地域存在规律

旅游资源是具有一定地理位置和可量度的实体。这个实体因受到很多因素影响，其性质、特征有千差万别。这些因素有属于地理区位的，有属于自然的，有属于人文的，具有一定存在规律。旅游资源既然是在这样的具体区域内存在，它的生成、演化势必受制于区域存在的总体规律，如不同的自然带、不同的地质构造背景、不同的历史发展、不同的文化源流、不同的社会进步阶段等，都将对旅游资源的宏观存在状况起很大作用。

（2）研究旅游资源的空间效应特征

空间是自然与人文要素结构以及各要素之间互相联系、互相制约、互相影响的地域系统，旅游资源是在一个特定的空间内，各要素之间互相作用、互相影响，形成具有各种特点的实体，这就是空间效应。对地域系统的研究也同样适用对旅游资源的研究。

（3）研究旅游资源的空间优化及开发价值选择

旅游资源在空间的积聚所形成的优势，可以成为在该区域内或单体项目上的旅游开发优势，这就是选择并运作有发展前景的区域旅游规划或旅游项目设计的基础。有效地利用区域内的旅游资源和区域环境所提供的条件，根据实际情况，合理安排用地，设置必要的旅游设施，是旅游区的建设原则。

（4）研究旅游资源在区域内的形态分布、存在方式、分布格局的环境影响

在一个区域，特别是在一个较大的区域内，旅游资源的形态、结构、变化都将受到这个区域环境的影响。研究这种影响不但研究它的空间，还要研究它的时间序列；不但研究自然影响，还要研究人为活动的影响；不但要研究影响的过程，还要研究影响的结果。

3. 多学科交叉性质

由于旅游资源在自然界和人类社会存在的广泛性，旅游资源在开发过程中的多变性，旅游者对旅游体验的全面需求所形成的旅游资源的多元性质，因此，需要对旅游资源进行多层面研究才能取得理想的结果。这些研究主要包括以下内容。

（1）旅游资源的基本属性

旅游资源的性质与状态是旅游资源的本质属性，它决定了旅游资源的景观特征及科学文化信息。掌握旅游资源的基本属性，是进行旅游资源类型划分的基础，也是旅游开发时树立旅游区域和建设项目旅游形象的主要依据。

（2）旅游资源的形成环境

旅游资源类型多样，它们的形成环境也有很大不同。形成环境有自然环境，也有人文环境。环境的印痕通常长久地反映到旅游资源类型上去，成为旅游资源类型自身的一种科学、文化标记。研究这些标记，可以从更深层次了解旅游资源的内在特质，有助于开发更有价值的特色旅游产品。

（3）旅游资源的类型特征

旅游资源类型的特征，包括它们的整体表现、微观形态、变化形式，都是构成旅游资源吸引力的基本要素。这些特征，反映了它们的基本属性及其形成环境，对这些类型特征进行的解剖、分析、测试、陈述，可以由表及里，由浅入深地了解和掌握它们。

（4）旅游资源的调查规程

规范化的调查是深入认识和积累旅游资源的一个必须的过程，研究旅游资源特别需要探讨和制定大区域和综合性的旅游资源调查规程，要明确调查流程的整体要求、程序和技术重点。对于较小范围的专题或专项旅游资源调查，也要坚持调查工作的规范与科学方法。

（5）旅游资源的资讯处理

旅游资源开发需要安全、快速、规范化的旅游资源资料与数据处理，应该走旅游管理系统信息化的道路，需要建立一个完善的旅游资源信息数据库。这个信息数据库可与其他旅游开发信息管理系统对接，包括旅游地理信息系统、旅游市场分析系统、旅游者流动模型、旅游规划与旅游开发管理系统等。

（6）旅游资源的应用途径

旅游资源的开发利用是旅游资源学研究的终端目的之一，如旅游业、环境保护等领域对旅游资源研究均有需求。为此，除了对旅游资源本体深入研究和认识以外，还要对旅游资源的赋存环境和旅游资源开发条件同时进行研究。赋存环境和开发条件主要包括地理区域、现有基础和对旅游资源开发所做的准备等。

（7）旅游资源的法规建设

为保证旅游资源研究、旅游资源与旅游环境保护、旅游资源开发的顺利实施，和旅游资源开发利用的长期安全，需要进行旅游资源法规建设，这是实现旅游资源科学管理的必要条件。法规内容应当包括保护范围、保护对象和保护级别、管理机构和职责等。

第二节　旅游资源分类

一、旅游资源分类背景

旅游资源的定义明确以后，对旅游资源的分类便成为学术界关注的问题，经过人们持续不断地对这一问题的探讨，至今已经产生了许多分类方案。旅游资源分类是认识和掌握旅游资源的起始点，此后在旅游资源调查、旅游资源评价技术体系中也可起到很大作用。研究这一问题还可为以后的旅游开发打下物质基础。

《旅游资源分类、调查与评价》（GB/T18972—2017）（以下简称国标）的建立全面地研究了这些方案，认为它大致可以分为侧重理论性研究和侧重实用性研究两个方面。

1. 侧重理论性研究的旅游资源分类

主要是由一些旅游学者和相关学科的专家所做的理论性旅游资源分类研究。由于分类的目的和要求不同，当前学术界所依据的旅游资源分类原则也不同，这些原则有旅游资源的性质和成因的分类、旅游资源本身的属性及其组成要素、旅游资源开发利用的变化特征、利用方式和效果、旅游活动的方式、旅游市场特性和开展现状、旅游资源的吸引级别、旅游资源利用效果、旅游经营的角度等。从多角度和较深层次探讨旅游资源的性质和结构，产生了许多有价值的旅游资源分类成果。

根据这一情况，这些分类把很多分离于旅游资源之外的附加因素，像目前大量存在于各旅游资源分类系统中的诸如地理位置和可进入性、存在的环境和环境质量、功能利用方式，开发利用程度、效果基础设施、客源市场，区域经济发展水平、开发序位、劳务等外在因素，作为旅游资源的分类指标。

这些分类一般都将旅游资源分为自然旅游资源和人文旅游资源两大类型，其中最有代表性的是陈传康和刘振礼在其专著《旅游资源鉴赏与开发》（1990年）中的分类。该分类中自然旅游资源包括山水风景、气候、气象奇观、动植物等；人文旅游资源包括文物古迹、文化艺术、民族风情、建筑与科技成就、博物及展览、人造乐园、文体娱乐等。这个分类模式对学术界的影响较大，已经作为教学资料被一些教学单位广泛引用。

2. 侧重实用性研究的旅游资源分类

相对和侧重于理论性研究的旅游资源分类，侧重实用性研究的旅游资源分类是较少层面的，但这样模式的分类，由于是从该层面某一特定的角度进入旅游资源的核心，认识将会更加完整和深入。所以更加受到学术界和应用部门的欢迎。此类研究有专题性的、也有区域性的。后者包括局部区域的，也包括全国性的。不管是属于哪一种范围，这类旅游资源分类研究，其目的性都很强，它们一般是伴随着区域旅游资源调查、区域旅游开发与项目建设、旅游环境保护等工作进行的。

20世纪90年代初期以来推行的全国旅游资源普查取得了一定的成果，开始就是基于对旅游资源普查分类的研究。1992年出版了《中国旅游资源普查规范（试行稿）》（以下简称规范），文本的核心内容之一是旅游资源普查分类系统，将全国旅游资源划分为6大类68种基本类型。这个分类表被国家科委和国家旅游局向全国推荐试行。这个分类系统并不追求体系的绝对完美，不奢求满足所有旅游学家对旅游资源分类的理想愿望，事实上这是无法做到的。1991～2001年，各地旅游部门据此对许多地区进行了旅游资源调查，如云南西双版纳自治州、福建全省、广西桂林市、江西赣州地区、新疆维吾尔自治区、黑龙江全省、北京市怀柔区、湖南凤凰县、江苏徐州市、珠海市东区和斗门县等地区，积累了较丰富的科学资料和数据，获得了经验。规范在一个合适的阶段内完成了它最初设想的任务。

规范由于其清晰的科学概念和明显的可操作性而在国内产生了较大影响，许多旅游出版著作均引用分类表原文，许多科研教学单位在一定程度上接受并在实际工作中使用它。

但是规范又有一些明显的缺陷，如由于强调了物质型资源实体，对非物质资源很少考虑，留下了空白；不当地使用了“包容性原则”，在分类中没有将某些产品从资源中剥离出来，在一定程度上忽略了旅游资源的原材料属性；没有涉及评价内容，不能对旅游资源进行质量判定等。

二、旅游资源的分类原则

旅游资源作为一种吸引对象，无论是物质的还是非物质的，有自身独立性质和一个特指的概念，分类时尤其注意不能与其他旅游概念混淆，否则将使旅游资源类型概念模糊不清，这种混淆主要反映在以下三个方面。

1. 不能把旅游资源的赋存环境当作旅游资源

赋存环境包括的面很广泛，它的核心概念就是“周围的境况”，旅游环境就是旅游资源周围的境况，实际上是旅游资源生成、演化和现实存在所依托的自然、历史文化和社会条件。环境是环绕着中心存在物的客观存在的总和。中心存在物可以是物质的，也可以是非物质的。旅游环境是围绕旅游者所形成的一种客观存在的物质系统，其内在特征表现为旅游环境结构，外在特征表现为旅游环境状态。旅游环境系统可以分成不同层次和子系统，如通常条件下的环境系统主要有气、水、土和生物等要素组成，它们分别构成了大气环境、水环境、土壤环境和生物环境等子系统。赋存环境对于开发旅游固然也是主要考虑的因素，但它本身和旅游资源是两个不同的体系，是一个与旅游资源本身有一定距离的外围空间，比较抽象，不是真正意义上的旅游资源。旅游资源必须是能够吸引人的事物和因素，旅游环境则不然，许多环境要素并不吸引人，有的还是被旅游所排斥的。旅游环境的许多要素，如地理区位、旅游容量、物资供应、经济状况、土地利用条件、发展潜力、管理和服务等，大量引入到旅游资源分类中来，它是一个与旅游资源本身有一定距离的外围空间，本身不是旅游资源。

2. 不能把旅游产品当作旅游资源

旅游产品是旅游吸引物、旅游服务和旅游设施的供给总和，所含的内容比较宽泛，而旅游资源指的是其自身，只是旅游产品中旅游吸引物的组成部分，不是旅游产品的全部。应该避免把旅游产品，如景区和景点、旅游项目、旅游线路等列为旅游资源类型。目前，最常出现的问题是将景区景点当作旅游资源，景区景点经过了人为的作用，它们或者是由单一性质的事物个体，或者是由单一性质的事物集合体，或者是由不同性质事物组合体构成的，将前两种作为旅游资源是合理的，因为它们的性质统一，具有专指的客观事物属性，认定的标准是一致的，分类时不会产生疑义。而事物组合体是不同性质的多介质、多因素、多形式的综合产物，难以按照深层次的标准认定它们，即使认定，也是指向其中的突出事物个体或事物集合体，对以外的次要事物个体或事物集合体往往是忽略的。由于景区景点的旅游产品性质，不能与构成它们的基础元素旅游资源等同对待。

3. 不能把旅游开发条件当作旅游资源

有的将旅游资源开发所面临的交通、客源数量、滞留时间、吸引距离、开放时间等也作为认定旅游资源的条件。须知这些都是一些开发条件，有些还是一些市场因素，和资源完全是不同的体系。这些条件和因素受原生的旅游环境、人为创造的基础设施、旅游服务等旅游业存在发展的影响，是旅游资源被有效利用的前提，它们不能构成旅游资源类型。旅游开发条件与人的主观意识和主观努力有关，旅游资源是一种客观的对象，是相对独立的事物和因素，它自身的性质特点并不因为它能不能开发，或开发条件的好坏而发生变化。产生这一误解的根本原因是将旅游资源和旅游资源开发混为一谈，譬如从质量价值的角度来看，按照既定标准评价出来的旅游资源品质等级，并不因为某些条件的改善，如由于交通线路的通达，或者由于投资力度的加大，甚至由于受到某些关注而提升档次，反之，也不会由于这些条件的缺失和不足而降低档次。

总之，国标认定的旅游资源是一种与生俱来的、不被外界左右的、以自身特质而具有吸引力的事物和因素。旅游资源当然也有变化，但这种变化是只有符合自身的演变的规律时才会发生，频繁发生的外界环境要素的变化一般不影响旅游资源本质属性的变化。

通过上述分析可知，系统的建立首要任务是选取旅游资源分类指标。

从对旅游资源的定性方面考虑，作为旅游资源，必须对旅游者具有吸引力，这个吸引力主要体现在它的性状、成因、发育过程、组成与结构、体量、年龄、美学内涵等，这些因素统称为旅游资源的属性，是旅游资源的自身外部表现和它的内在性质。

国标将这种“属性”作为旅游资源类型划分的指标，也就是依据旅游资源的性状，即现存状况、形态、特性、特征划分类型，这也是国标中旅游资源分类的原则。

三、旅游资源分类系统

旅游资源分类系统是根据一定原则和标准，将旅游资源分为若干部分。每一部分旅游资源具有各自的性质和特点。

旅游资源分类的内容决定了它的层次结构。层次结构是按照集合程度对旅游资源类型划分的次序，一般旅游资源分类系统的层次是3～5层不等。通常旅游资源划分指标多的，系统层次也较多，这在侧重理论性的旅游资源分类系统中常见。但层次多脉络也复杂，不利于实际操作。国标系统属于侧重应用性的旅游资源系统，它的一个主要目的是为区域旅游资源调查服务，因此考虑用较少的层次完成旅游资源结构，其中主要操作层次尽量是一层。

国标将全部旅游资源划分为三个层次，依次称为“主类”“亚类”“基本类型”。

主类是“按照旅游资源分类标准所划分出的最大程度集合单位”。

亚类是“按照旅游资源分类标准所划分出的中等程度集合单位”。

基本类型是“按照旅游资源分类标准所划分出的最小程度集合单位”，是国标最核心的分类单位，是判断旅游资源性质和特征的重要依据。旅游资源数量很多，根据它们的性状特征可以归成某些单元，在这些单元内的事物和因素有某些相同或相似的性质，这就是旅游资源基本类型的概念。

判断旅游资源基本类型的方法除了人们对它们的经验感知外，还可以根据它们所拥有的反映它们的特征值而确定。

其中主类和亚类为“构造层”，基本类型为“实体层”。构造层是旅游资源的框架支撑，实体层是分类、调查、评价的实际对象，因此基本类型在国标分类中是最实际的资源单位（图1–1）。

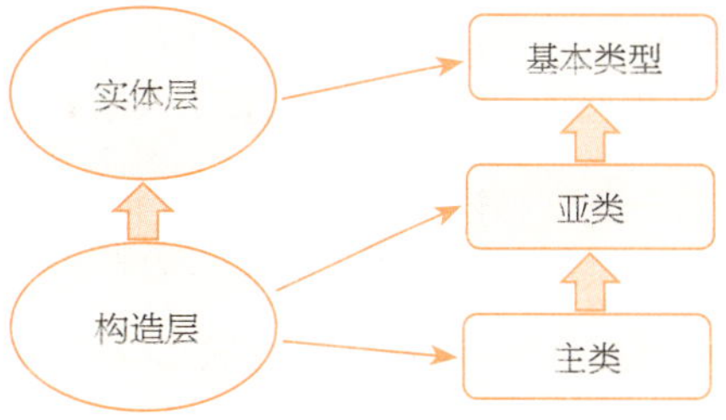

图1–1 旅游资源分类结构图

国标依此对全国旅游资源按三层结构进行分类排列，得出有8个主类，23个亚类，110个基本类型的旅游资源分类系统（表1–1）。

每层资源都用汉语拼音符号表示，其中主类用1位，亚类用2位，基本类型用3位。如：主类“地文景观”用1位“A”，亚类“自然景观综合体”用2位“AA”，基本类型“山丘型景观”用3位“AAA”。余此类推。

对于表1–1，还有以下两点说明。

第一点，表中前四项主类旅游资源（地文景观、水域景观、生物景观、天象与气候景观）基本上属于自然旅游资源，即自然环境中能使人产生兴趣的事物和现象；后四项主类旅游资源（建筑与设施、历史遗迹、旅游购品、人文活动）基本上属于人文旅游资源，即历史人文社会环境中能使人产生兴趣的事物和现象。

第二点，表中所有旅游资源基本类型，分为“物质型旅游资源”和“非物质型旅游资源”两种，物质型旅游资源是那些具象、客观存在、稳定的有吸引力的物质实体，是大多数基本类型所具有的，数量较多。它们能使人观察到或触及到，能让多人同时同地或异时异地描写、记录、叙述而保持主体一致；非物质型旅游资源是那些非具象，不稳定，但客观存在的有吸引力的事物和现象，数量较少。

表1–1中的三级旅游资源中，主类和亚类旅游资源分别有8类和23类，它们的实际涵义是：

主类1，地文景观，指的是长期在地质作用和地理过程下形成，并在地表面或浅地表存留下来的各种景观。包括四种亚类，即①自然景观综合体：整体或局部区段对人有吸引力的自然景观与自然现象；②地质与构造形迹：记录地壳发展过程中各种成层非成层地质构造现象与景观；③地表形态：地球生成演化历史中产生的地壳结构和地球表面的各种形态；④自然标记与自然现象：发生在地表的特殊自然现象及其标志。

主类2，水域景观，指的是水体及所依存的地表环境构成的景观或现象。包括五种亚类，即①河系：河流段落、瀑布；②湖沼：四周有岸的水域；③地下水：地下的天然露头水，包括出冷水的泉和出地下热水和热气的埋藏水体；④冰雪地：可供游客进行参观、考察的常年不化堆积的积雪和雪线以上存留现代冰川的区域；⑤海面：海上区域和附近的礁体，海水冲击现象。

主类3，生物景观，指的是以生物群体构成的总体景观，个别的具有珍稀品种和奇异形态个体。包括两种亚类，即①植被景观：主要由乔木组成的植物群体、草本植物覆盖的地面、在空地草原或灌木乔木林中丛生的花卉群体；②野生动物栖息地：一种或多种野生的水生、陆地、鸟类、蝶类动物常年或季节性的栖息地。包括野生动物数量或种群繁多的高度栖息区；具有很高科研价值的珍稀动物栖息地。

主类4，天象与气候景象，指的是天文现象与天气变化的时空表现。包括两种亚类，即①天象景观：观察日月星辰等太空景象和发生在地面上自然和人工的光景象；②天气与气候现象：人体感觉气候舒适的地区和极端或特殊天气现象发生频率较高的地区。

主类5，建筑与设施，指的是融入旅游的某些基础设施或专门为旅游开发而建设的建筑物和场所。包括三种亚类，即①人文景观综合体：整体或局部区段对人有吸引力的人文景观；②实用建筑与核心设施：现代人工建造的满足人类生产生活需要的房屋建筑、水利水电设施、交通设施等；③景观与小品建筑：表现一个区域的标志性建筑和从属于主体建筑物，并兼有实用和装饰等功能、独立存在的单体建筑物。

主类6，历史遗迹，指的是已废弃的目前不再有实际用途的人类活动遗存和人工构筑物。包括两种亚类，即①物质类文化遗存：传统意义上的“文化遗产”，分为历史建筑遗存和可移动文物；②非物质类文化遗存：指被各群体、团体、有时为个人所视为其文化遗产的各种实践、表演、表现形式、知识体系和技能及其有关的工具、实物、工艺品和文化场所。从旅游的角度将其分为6个基本类型。

主类7，旅游购品，指的是旅游者在旅游过程中购买的，具有纪念意义的，能反映旅游地特色的特殊物品。包括三种亚类，即：①农业产品：具有跨地区声望的当地生产的各类农业产品和制品；②工业产品：具有跨地区声望的当地生产的各类工业产品；③手工工艺品：包含传统手工制作的8个基本类的成品。

主类8，人文活动，指的是人们在日常生活中保留有地方特色的活动项目，强调人类文化行为的过程性和传承性。包括两种亚类，即：①人事活动记录：对人和事件的记载；②岁时节令：各类宗教、农时、商贸节日庆典活动。

表1-1　旅游资源类型表

序号	主类	亚类	基本类型	基本类代码
1	地文景观	自然景观综合体	山丘型景观	AAA
2	地文景观	自然景观综合体	台地型景观	AAB
3	地文景观	自然景观综合体	沟谷型景观	AAC
4	地文景观	自然景观综合体	滩地型景观	AAD
5	地文景观	地质与构造形迹	断裂景观	ABA
6	地文景观	地质与构造形迹	褶曲景观	ABB
7	地文景观	地质与构造形迹	地层剖面	ABC

续表

序号	主类	亚类	基本类型	基本类代码
8	地文景观	地质与构造形迹	生物化石点	ABD
9	地文景观	地表形态	台丘状地景	ACA
10	地文景观	地表形态	峰柱状地景	ACB
11	地文景观	地表形态	垄岗状地景	ACC
12	地文景观	地表形态	沟壑与洞穴	ACD
13	地文景观	地表形态	奇特与象形山石	ACE
14	地文景观	地表形态	岩土圈灾变遗迹	ACF
15	地文景观	自然标记与自然现象	奇异自然现象	ADA
16	地文景观	自然标记与自然现象	自然标志地	ADB
17	地文景观	自然标记与自然现象	垂直自然带	ADC
18	水域景观	河系	游憩河段	BAA
19	水域景观	河系	瀑布	BAB
20	水域景观	河系	古河道段落	BAC
21	水域景观	湖沼	游憩湖区	BBA
22	水域景观	湖沼	潭池	BBB
23	水域景观	湖沼	湿地	BBC
24	水域景观	地下水	泉	BCA
25	水域景观	地下水	埋藏水体	BCB
26	水域景观	冰雪地	积雪地	BDA
27	水域景观	冰雪地	现代冰川	BDB
28	水域景观	海面	游憩海域	BEA
29	水域景观	海面	涌潮与击浪现象	BEB
30	水域景观	海面	小型岛礁	BEC
31	生物景观	植被景观	林地	CAA
32	生物景观	植被景观	独树与丛树	CAB
33	生物景观	植被景观	草地	CAC
34	生物景观	植被景观	花卉地	CAD
35	生物景观	野生动物栖息地	水生动物栖息地	CBA
36	生物景观	野生动物栖息地	陆地动物栖息地	CBB
37	生物景观	野生动物栖息地	鸟类栖息地	CBC
38	生物景观	野生动物栖息地	蝶类栖息地	CBD

续表

序号	主类	亚类	基本类型	基本类代码
39	天象与气候景观	天象景观	太空景象观赏地	DAA
40	天象与气候景观	天象景观	地表光现象	DAB
41	天象与气候景观	天气与气候现象	云雾多发区	DBA
42	天象与气候景观	天气与气候现象	极端与特殊气候显示地	DBB
43	天象与气候景观	天气与气候现象	物候景象	DBC
44	建筑与设施	人文景观综合体	社会与商贸活动场所	EAA
45	建筑与设施	人文景观综合体	军事遗址与古战场	EAB
46	建筑与设施	人文景观综合体	教学科研实验场所	EAC
47	建筑与设施	人文景观综合体	建设工程与生产地	EAD
48	建筑与设施	人文景观综合体	文化活动场所	EAE
49	建筑与设施	人文景观综合体	康体游乐休闲度假地	EAF
50	建筑与设施	人文景观综合体	宗教与祭祀活动场所	EAG
51	建筑与设施	人文景观综合体	交通运输场站	EAH
52	建筑与设施	人文景观综合体	纪念地与纪念活动场所	EAI
53	建筑与设施	实用建筑与核心设施	特色街区	EBA
54	建筑与设施	实用建筑与核心设施	特性屋舍	EBB
55	建筑与设施	实用建筑与核心设施	独立厅、室、馆	EBC
56	建筑与设施	实用建筑与核心设施	独立场、所	EBD
57	建筑与设施	实用建筑与核心设施	桥梁	EBE
58	建筑与设施	实用建筑与核心设施	渠道、运河段落	EBF
59	建筑与设施	实用建筑与核心设施	堤坝段落	EBG
60	建筑与设施	实用建筑与核心设施	港口、渡口与码头	EBH
61	建筑与设施	实用建筑与核心设施	洞窟	EBI
62	建筑与设施	实用建筑与核心设施	陵墓	EBJ
63	建筑与设施	实用建筑与核心设施	景观农田	EBK
64	建筑与设施	实用建筑与核心设施	景观牧场	EBL
65	建筑与设施	实用建筑与核心设施	景观林场	EBM
66	建筑与设施	实用建筑与核心设施	景观养殖场	EBN
67	建筑与设施	实用建筑与核心设施	特色店铺	EBO
68	建筑与设施	实用建筑与核心设施	特色市场	EBP
69	建筑与设施	景观与小品建筑	形象标志物	ECA

续表

序号	主类	亚类	基本类型	基本类代码
70	建筑与设施	景观与小品建筑	观景点	ECB
71	建筑与设施	景观与小品建筑	亭、台、楼、阁	ECC
72	建筑与设施	景观与小品建筑	书画作	ECD
73	建筑与设施	景观与小品建筑	雕塑	ECE
74	建筑与设施	景观与小品建筑	碑碣、碑林、经幢	ECF
75	建筑与设施	景观与小品建筑	牌坊牌楼、影壁	ECG
76	建筑与设施	景观与小品建筑	门廊、廊道	ECH
77	建筑与设施	景观与小品建筑	塔型建筑	ECI
78	建筑与设施	景观与小品建筑	景观步道、甬路	ECJ
79	建筑与设施	景观与小品建筑	花草坪	ECK
80	建筑与设施	景观与小品建筑	水井	ECL
81	建筑与设施	景观与小品建筑	喷泉	ECM
82	建筑与设施	景观与小品建筑	堆石	ECN
83	历史遗迹	物质类文化遗存	建筑遗迹	FAA
84	历史遗迹	物质类文化遗存	可移动文物	FAB
85	历史遗迹	非物质类文化遗存	民间文学艺术	FBA
86	历史遗迹	非物质类文化遗存	地方习俗	FBB
87	历史遗迹	非物质类文化遗存	传统服饰装饰	FBC
88	历史遗迹	非物质类文化遗存	传统演艺	FBD
89	历史遗迹	非物质类文化遗存	传统医药	FBE
90	历史遗迹	非物质类文化遗存	传统体育赛事	FBF
91	旅游购品	农业产品	种植业产品及制品	GAA
92	旅游购品	农业产品	林业产品及制品	GAB
93	旅游购品	农业产品	畜牧业产品及制品	GAC
94	旅游购品	农业产品	水产品及制品	GAD
95	旅游购品	农业产品	养殖业产品及制品	GAE
96	旅游购品	工业产品	日用工业品	GBA
97	旅游购品	工业产品	旅游装备产品	GBB
98	旅游购品	手工工艺品	文房用品	GCA
99	旅游购品	手工工艺品	织品、染织	GCB
100	旅游购品	手工工艺品	家具	GCC

续表

序号	主类	亚类	基本类型	基本类代码
101	旅游购品	手工工艺品	陶瓷	GCD
102	旅游购品	手工工艺品	金石雕刻、雕塑制品	GCE
103	旅游购品	手工工艺品	金石器	GCF
104	旅游购品	手工工艺品	纸艺与灯艺	GCG
105	旅游购品	手工工艺品	画作	GCH
106	人文活动	人事活动记录	地方人物	HAA
107	人文活动	人事活动记录	地方事件	HAB
108	人文活动	岁时节令	宗教活动与庙会	HBA
109	人文活动	岁时节令	农时节日	HBB
110	人文活动	岁时节令	现代节庆	HBC

第三节　旅游资源调查

旅游资源调查是依照一定标准和程序针对旅游资源开展的研究和记录。通过调查可以全面系统地收集旅游资源的基础资料和数据。

旅游资源调查在旅游资源研究和旅游资源开发中尽管很重要，但经常有人认为调查的过程比较明显，因此不把它作为必需的课题认真对待。近年来由于旅游资源研究引进了相邻学科的理论和方法，对旅游资源调查开始注入了活力。

旅游资源调查分为旅游资源详查和旅游资源概查两个尺度，旅游资源详查是为了解和掌握整个区域旅游资源全面详细的情况，按照全部既定调查程序进行的旅游资源调查。旅游资源概查是对旅游资源进行一般性面上的调查，简化工作程序，资料收集限定在与相关项目有关的范围。本书所说的旅游资源调查就是旅游资源详查的内容。

在调查旅游资源的时候，一般还可对调查区域的旅游环境和旅游开发条件进行同步调查。这样获取的多种资料将对调查区域的旅游开发产生积极的作用，因此这是旅游资源调查中一项重要的工作步骤。

一、基本要求

1. 调查目的

旅游资源调查一般是为地区旅游开发的综合目的（含以下各种特定目的如旅游规划、项目设置、资源保护、法规建设、市场推销等）服务，适用于区域旅游规划、旅游资源研究、旅游资源保护、专项旅游产品开发各种单项任务；调查成果要适应建立区域旅游资源信息库，直接处理、转化为公众成果，为广大社会提供。

旅游资源调查的中心任务是收集、甄别、定型、积累调查区内旅游资源的资料和数据，直接和间接为旅游资源开发服务。其次归总旅游资源亚类和旅游资源主类的资料和数据，同时调查、积累旅游环境和旅游开发条件的资料和数据。调查所获得的资料和数据将用来建立区域旅游资源数据库。

2. 调查的性质

旅游资源详查不是任意的调查，是属于严格的科学、数量化的旅游资源调查，是严格的科学、程序化的旅游资源调查，此类调查具有以下性质。

一是旅游资源调查属于规范化运作，要求执行国标规定的调查规程，有严格的质量控制，有规范化文件处理等。旅游资源调查是在旅游资源分类研究的基础上进行的。这里提到的旅游资源分类指的是国标所规定的旅游资源分类，不是任何其他形式的旅游资源分类。这样做的目的，是可以保证调查成果的规范化，在区域内可以对比。此项调查是区域性研究的一环，研究是针对整个调查区域的，它注意旅游资源在区域内的构成、单体与群体之间关系、不同旅游资源类型之间的关系、旅游资源与旅游环境关系等问题，有助于科学创新。此类调查可以发现新的旅游资源类型、旅游资源布局规律，对旅游资源产生新的认识等。

二是严格保证旅游资源调查成果质量，强调整个运作过程的科学性、客观性、准确性，这就是国标坚持的“科学、客观、准确”三原则。根据这一原则，要求在调查过程中，全部资料与数据的采集与登录一定是在认真调查基础上得出的科学结论，即在资料的收集与整理、实地调查与测量、实验分析过程中，调查人员要坚持利用最新和最权威的科学概念，认识、解释、记录基本类型单体所涉及的各项内容。同时要寻求资料、数据的准确来源，应达到规定的精度，对于来源不明，已变化了的资料、数据，要坚决摒弃。为达到上述要求，调查人员在资料与数据的采集中，一定要避免主观臆断、不切实际。要忠实记录调查时现实存在的情况，一般还应坚持实地调查、验证。行文时要避免使用不着边际的溢美语言，力戒浮华渲染。要明确旅游资源调查的各类文档是科学成果，它与以后可能派生的宣介材料、文艺作品不同，不能过早地使调查成果文学化。

3. 基本做法

利用与旅游资源有关的各种资料和研究成果，完成统计、填表和编写调查文件等项工作。调查方式以收集、分析、转化、利用这些资料和研究成果为主，并逐个对旅游资源单体进行现场调查核实，包括访问、实地观察、测试、记录、绘图、摄影，必要时进行采样和室内分析。

这一要求的前提是调查区的前人研究成果比较丰富，其中特别是针对那些已经进行过比较详尽旅游资源调查、研究，并获得了较为丰富、准确的旅游资源基础资料和数据的地区。同时这个地区与旅游资源有关的旅游环境、旅游开发基础设施以及与此相关的历史、文化、社会、经济方面资料和数据，也有相当多的积累。

4. 两个层次

旅游资源详查全称“旅游资源详细调查”，它属于对一个地区的旅游资源综合性质的调查；旅游资源概查属于“专门目的旅游资源调查”。这两种模式的调查，其调查方式和精度要求不同（表1-2）。

表1-2 旅游资源详查和旅游资源概查比较

项目	旅游资源详查	旅游资源概查
性质	区域性的	专题性的
目的	为地区旅游开发的综合目的（含以下各种特定目的，如旅游规划、项目设置、资源保护、法规建设、市场推销等）服务	为地区旅游开发的一种或少数几种特定目的服务
技术支撑	全国或区域旅游调查规范文件	全国或区域旅游调查规范文件，或自定调查技术规程
适用范围	适用于区域旅游规划、旅游资源研究、旅游资源保护、专项旅游产品开发等各种单项任务	适用于一种或少数几种单项任务
组织形式	专门成立调查组，成员专业组合完备	一般不需要专门成立调查组
工作方式	按照全部调查程序，分准备工作、实地调查、数据采集与成果汇编三个阶段，对所有旅游资源进行全面调查，执行调查规定的全部程序	按照调查规定的相关程序运作，按实际需要确定调查对象并实施调查，可以简化工作程序
提交文件	标准要求的全部文件、图件	部分有关文件、图件
成果处理	建立区域旅游资源信息库，直接处理、转化为公众成果，为广大社会提供	成果直接为专项任务服务

本书内容主要围绕其中的旅游资源详查展开，对旅游资源概查也有参考意义。

5. 三个阶段

旅游资源详查一般需要经过三个阶段：准备工作阶段、实地调查阶段、数据采集与成果汇编阶段（图1-2）。三个工作阶段相互关系密切，互相补充，依次深入，缺一不可。

其中实地调查阶段是最重要的阶段，这是因为它起着承上启下的作用：准备工作阶段收集来的资料和数据需要在这个阶段得到全面的验证，通过实际调查去除准备工作阶段填写的“旅游资源单体统计表”中不真实的成分。进一步发现新的资料，补充和完善旅游资源单体系列。随时填写并最后完成“旅游资源单体调查表”。本阶段的工作为调查成果汇编阶段打下了物质基础。

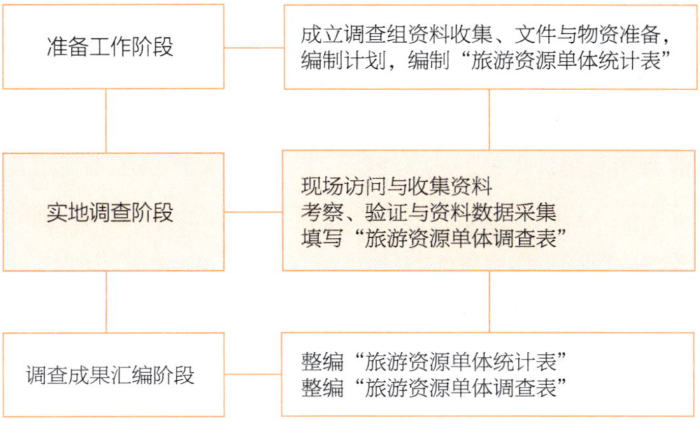

图1-2　旅游资源详查程序图

6. 专业组队与技术培训

旅游资源作为自然界和人类社会事物和因素的载体，科学内涵丰富，旅游资源及其赋存环境包含了调查区域内最重要的旅游信息，其涵义十分深厚，往往是要经过认真的科学鉴定才能真正认识和掌握它。部分旅游资源有时需要相关专业人员才能正确的认定，所以不是一般机械式的简单分析填表就可以完成任务的。这样对调查组成员便提出了较高的专业要求。

为此，规范化的调查强调专业组队。一个调查组，应该是一支熟悉该调查区社会经济文化的历史与现状，具备旅游环境、旅游资源、旅游开发有关知识的专业队伍，一般应包括旅游、地学、生物学、建筑园林、历史文化、宗教、民族、环境保护等方面的专业人员。

调查组的人数视调查区域的规模和任务的大小而定，一般小范围或专题性的调查，或是其他任务（如单一的旅游规划、项目设置、资源保护、法规建设、市场推销等）中的附加调查，负责调查的人员要求更专业化，人数不需要很多。但是，如果是大范围和专门的旅游资源调查，调查组的人员要有一定数量，最好还要分为几个梯队。如省级旅游资源调查，应当组成三个层次（省级的、地市级的、基层的）的调查队伍。

调查组成立后，要进行认真的技术培训。培训的基本目的就是贯彻标准的技术规程，使调查组的成员熟悉标准的内容和各项技术规定。培训的最好方式是集中授课，授课过程中，可选择一些样区和样点做典型示范，组织所有人员对同一调查对象进行观察、记录、填表，安排讨论，以此熟悉和掌握标准的技术规范内容和实际运作技法。

如果是大范围内的调查，应在正式启动前，安排在一个较小的区域进行试点调查，取得经验后再在全区域内铺开。浙江省和广州市的旅游资源调查就是先在杭州市和增城区进行了试点。

培训期间，还应安排专业人员宣讲调查区的旅游背景，在调查组内建立起一个统一的概念，做到心中有数。还要按照实际情况，划分调查小区并进行人员分工。

二、调查准备

1. 文字资料的收集与资料转化

旅游资源调查是广泛接触旅游资源的机会，但一般旅游资源的个体数目很多，旅游资源资料和数据只是依赖调查者的创建，几乎是不可能的。而且各种旅游资源本身蕴含着的专业内容，如果只靠调查者的表面观测，也很难对它有准确的理解。所以应该注重调查前的资料收集和资料消化工作。包括文字资料收集和工作底图的收集。

文字资料指的是与旅游资源及其赋存环境有关的各类文字描述和图件资料。重点是记述各种旅游资源的资料。这些资料主要包括以下几种类型。

（1）地方志书和乡土教材

地方志书的种类很多，有主体类型和支流类型两种。其中主体类型主要是按行政区划而定的，如通志（省志）、府志、州志、厅志、县志、旗志、乡土志和里镇志、岛屿志、盐井志、土司志等；支流类型有文物志、风土志、地名志、气候志、山志、水志、湖志、塘志、厂矿志、河闸志、书院志、寺观志、游览志、路桥志等。

地方志是一个区域或一个部门历史地理的全记录，覆盖面广，数据量大，其特点是一部大体量按照地理要素描述区域特征的地域专著，内容涉及该区域的建制、历史沿革、疆域、自然环境、资源、政治、经济等。与旅游资源有关的内容很多，除了最新编辑的地方志常常载有旅游章节可供直接利用外，其余如地质地貌、气候、水文、动植物、物产、津梁、关隘、名胜、文化、教育、聚落、民族、民俗、人物等，都包含着极其丰富的旅游资源内容，可以从中得出许多有用的资料和数据。

一个地方的志书往往有多种版本，还由此派生出许多专题志和各种反映地方特色的乡土教材，这里说的教材是一个宏观的概念，实际上包括了介绍区域各方面情况的文书、宗谱和家谱、事件与乡里人物评介、传说故事、诗词文赋等，都含有伸张文明、光耀故里的意向，这些都可成为旅游资源调查时的重要资料来源。

（2）旅游点介绍

旅游区与旅游点是游客的主要旅游目的地，是旅游者的主要集结地点。近年来，介绍旅游区与旅游点的材料多了起来，其中不乏内容丰富、图件准确、印制精美的文字作品和图书、图册、视听作品，并对该旅游区和旅游点的自然、文化内涵进行了传神的描述，从中可有许多有价值的旅游资源资料和数据。它们可成为调查者重点收集的资料。

但目前各地也有相当数量的旅游区、旅游点的介绍资料和宣传的比重过大，有用的资料和数据量不足。此类介绍材料的受众是普通游客，不能满足专业调查人员的需要。但这些材料可以为调查人员提供线索。

（3）规划与专题报告

规划是指比较全面的长远的发展计划，可以准确反映出一个地区各部门的现状和发展设想，一般材料详尽而具体，是旅游资源调查可靠的资料数据源。规划的种类很多，其中最重要的是已有的旅游规划和与旅游资源关系密切的专门规划，如城市建设规划、文物保护规划、水利规划、交通规划、环境保护规划、产业（工业、种植业、养殖业、农业、牧业、渔业、地方手工业等）规划、区域规划等。这些规划中的文字描述、统计数值、专题附图等，都有很好的利用价值。另一类可靠的资料数据源是针对调查区的各类专题报告，包括各类区域专业研究文献，如自然要素与自然条件研究、社会经济文化研究、产业研究等。此外，还有为一些专门目的如申报历史文化名城（镇）、优秀旅游城市、等级旅游区（点）、风景名胜区、森林公园、自然保护区、地质公园，以及其他各种旅游地与旅游项目建设所开展的专题研究和申请报告。

（4）影像资料的收集

与旅游资源调查区和旅游资源有关的各种图形资料、照片、音像资料等。这些资料将用于旅游资源的传统表示和计算机管理系统中。

2. 工作底图的准备

调查过程中每个阶段都需要使用地图。在准备阶段和实地调查阶段，要求将收集到的和考察确定的旅游资源单体标示在地图上，成为工作进程中的实际资料图；在成果处理阶段，要求与整编的旅游资源单体调查表一致。

因为大多数旅游资源单体体量较小，所以在一般情况下，要求使用更为精确的地形图表示，以减少误差。目前国内生产的地形图用等高线表示，内容详细、完备，信息量大，彩色表示清晰易读，是根据国家规定的规范图示和比例尺系统测制成或编制成的普通地图，具有统一的大地控制基础和投影。我国把1：1万、1：2.5万、1：5万、1：10万、1：20万（1：25万）、1：50万和1：100万等七种比例尺的地形图规定为国家基本比例尺地形图，其中1：1万、1：2.5万和1：5万等地形图大多直接测绘成图，1：10万大部分使用较大比例尺地形图编绘而成，其余更小比例尺地形图则全部利用大比例尺地形图编绘而成。以上这些地形图尽管有很多优点，但大多数地区的地形图因为成图的时间较早，图上的许多要素，其中特别是地物，如聚落、交通、工程项目等发生了很大的变化，使用时要注意修正。

比例尺的选定要视调查区域的大小而定，其中调查区的范围如果较大（如省级调查区），可考虑使用较小比例尺地形图（1：20万～1：50万）；调查区的范围如果较小（如县级调查区），可考虑使用较大比例尺地形图（1：5万～1：10万）；如果调查区的范围是一般的景区，则还可考虑使用更大比例尺地形图。

除了地形图外，使用计算机实施自动登录旅游资源单体是一种新的途径。旅游资源数据库的建立及其管理系统将对采集到的各类旅游资源单体属性数据、空间数据和多媒体数据进行存储和动态管理，完成采集、存储、处理、查询、检索、更新等。旅游资源调查结束后，录入的数据可以自动生成所有的统计数据表格，通过实时更新的数据来生成旅游资源地图。

3. 物资准备

装备方面，标准提出准备实地调查所需的设备，如定位仪器、简易测量仪器、影像设备等。对于一般的调查，定位仪器经常用的是罗盘，为了快速、准确地记录旅游资源单体的三维空间，有条件的最好配备卫星定位仪（GPS）、激光测距仪；野外调查往往需要采集某些构造现象、地层与沉积物、地形、水体、气象要素、植被、建筑设施等实体资料和数据，需要准备一些简易测量仪器，如量尺（2米、10米、50米）、测高仪、测速仪、温度计、采掘工具、采样设备等，必要时可邀请专业人员携带负氧离子测定仪、野外水质分析仪等对一些特定项目和要素进行实测。如果在野外不能完成必要的测试任务时，可采集样品在实验室内完成；影像设备常规的有录像、照相、录音设备。

如果条件允许，可以配备一定数量的笔记本电脑（最好一个单独的调查小组配备一台）。调查组在笔记本电脑上安装旅游资源调查评价信息系统后，就可在野外进行数据录入，直接填写旅游资源单体调查表，自动生成调查区旅游资源单体名录，自动进行旅游资源评价，在以后调查资料汇总阶段还可生成按类型、级别、地区的各种旅游资源统计表，填写旅游资源调查区实际资料表。另外，本系统能够将采集的GPS数据（经纬度）自动生成电子地图。这样通过本系统就可以实现旅游资源调查和评价的全部信息化，大大提高了工作效率和精度。

第四节　旅游资源管理信息化

一、旅游资源管理信息化的概念

如何优化旅游资源管理方法，提高旅游资源信息管理工作效率，是当前面临的一个难题。旅游资源管理信息化通过移动互联网技术应用，改变传统的旅游资源普查模式和管理机制，以信息化的方式来优化旅游资源管理的运作，提高旅游资源管理工作效率。只有高标准、高质量的管理与工具才能满足全面掌握旅游资源信息的需求。面对信息时代的挑战，利用高科技手段来提高用户管理无疑是一条行之有效的途径。在某种意义上，信息与科技在企业管理与现代化建设中显现出越来越重要的地位，旅游资源管理方面的信息化与科学化，已成为现代旅游发展步入高台阶的重要标志。

二、旅游资源管理信息化的优点

旅游资源管理信息化对旅游资源信息进行管理具有如下优点。

①检索迅速、查找方便；

②存储量大、可靠性高、保密性好；

③实时监测，现场部署，应急指挥协调；

④历史数据决策分析。

这些优点能够极大地提高旅游资源管理的工作效率，使旅游相关管理部门全面掌握旅游资源分布情况、开发情况以及旅游区规划情况。

三、旅游资源管理信息化的意义

1. 全面掌握地区旅游资源情况

利用现代集成网络技术，多形式、多介质、多功能、全方位地反映旅游资源的基本现状和开发管理状况，获得统一的旅游资源资料和数据。

2. 加强对旅游资源的认识和掌握

纠正对旅游资源认识上的不当和偏差，扩充旅游资源开发领域，及时调整旅游资源的开发计划。

3. 准确合理地提供区域旅游开发资讯

为各区域旅游规划和旅游项目建设提供真实可靠的科学资讯，最大程度地减少相关工作的盲目性，避免因认识不足而导致的某些失误。

4. 促进旅游资源法规建设和旅游资源保护

在对旅游资源科学准确认定的基础上，可以制订旅游资源开发、利用、保护的各种法律、法规、规章、条例。

四、基于系统的旅游资源信息采集

旅游资源采集信息化是综合运用现代数字信息技术，以电子地图为基础，集成基础地理、资源类型、行政区划编码、景区名称的多种数据资源，以旅游资源采集人员为信息收集渠道，构建旅游资源信息综合管理系统，通过实地调查旅游资源，现场录入资源信息，准确定位资源位置，实现旅游资源信息采集的准确性、直观性、便捷性和全面性，提高旅游资源普查的工作效率，为政府部门掌握旅游资源信息、管理旅游规划用地以及开发旅游资源等工作提供科学依据与技术支撑。

1. 旅游资源采集

旅游资源采集系统可以实现资源登记、资源浏览、数据同步、消息通知、系统帮助和设置等功能。主要功能如下。

①支持旅游资源库查询、资源类型查询、行政区划查询、消息查询等功能；

②支持无网络本地存储功能；

③支持本地数据与服务器数据相互同步功能；

④支持现场照片上传、视频上传功能；

⑤提供软件自动升级功能。

2. 系统功能

（1）资源登记

资源登记是旅游资源采集人员在实地进行资源调查，录入资源信息和为资源评价定级的功能。旅游资源采集人员填写相关的资源信息，包含位置坐标、照片等相关资料。

①资源名称：资源名称是旅游资源单体的实际和习惯中文名称，要求简明、通俗、常用。如果名称特指性很强，单体具有唯一性质，不会令人产生疑义的，如“天安门城楼”“天坛祈年殿”“灵隐寺大雄宝殿”“珠穆朗玛峰”“亚洲大陆地理中心”“巫峡”“珍宝岛”等，则可以直接写出它的实际名称。但如果单体是非唯一的，或尽管是唯一但不广为人知的，则要加上地区名称，如“武汉长江大桥”“江阴长江大桥”“长白山天池”“新疆天池”“阿尔山天池”“长清灵岩寺大雄宝殿”“北京红螺寺大雄宝殿”“洛阳牡丹节”“菏泽牡丹节”等。地区名称的层次也要尽量减少，也以不发生疑义为准，如“长清灵岩寺大雄宝殿”，不需要在“长清”前面再加上“济南市”字样。

②资源类型：根据旅游资源分类标准依次选择旅游资源所属的主类、亚类及基本类型［参考《旅游资源分类、调查与评价》（GB/T 18972—2017）中“旅游资源分类表”］。

③景区名称：填写旅游资源单体所属的景区名称，如果该单体不属于任何景区，则该项可不填。

④行政位置：依次选择旅游资源单体所属的县级行政区、乡镇级行政区及村级行政区。

⑤地理位置：指旅游资源单体主体部分的经度和纬度（精度到秒）。可在电子地图上查取获得坐标信息（开启GPS设置），也可以在实地调查时用GPS获得，标在底图的相应位置上。

由于旅游资源单体在时空分布上具有一定的复杂性质，地理位置的定位有以下几种情况：一般情况下，物质型旅游资源单体将其中心点作为定位点；非物质旅游资源单体，如某些天象与气候景观类、人文活动类旅游资源单体，应寻求到它们的载体，这些载体通常为与其有密切关系的物质型旅游资源单体（如地方风俗与民间礼仪的发生地、光现象的观景地、特色服饰人群的聚居地、民间艺术作品的原发地等），此类单体的这些点可作为它们的定位点。

⑥详细地址：填写旅游资源单体具体的地址（如：街道、门牌号等）。

⑦可进入性：指旅游资源所在地同外界交通往来的通畅和便利程度，也就是说不仅要便利游客的来访，而且要便利游客结束访问后的离开。级别由高到低可分为：很好、较好、差。

⑧基础设施：指为适应旅游者在旅行游览中的需要而建设的各项物质设施的总称。主要包括旅游饭店（宾馆）、旅游交通以及各种文化娱乐、体育、疗养等物质设备。旅游饭店是为旅游者

提供膳食、住宿和服务的场所；旅游交通指旅游者从居住地到参观游览地和来往于游览地之间所使用的各种交通工具，旅游交通有航空运输、海上运输、内河运输、陆路运输等；文化娱乐和各种体育、疗养设施为适应旅游者不同兴趣和爱好而建立，如博物馆、游乐中心、网球场、游泳池等。级别由高到低可分为：很好、较好、差。

⑨服务设施：指为旅游者的游憩、观光、度假等活动提供服务的设施条件，具体包括旅游交通（如配备有旅游专线交通工具、停车场布局合理等）、游览服务（如售票方便快捷，游客接待中心位置合理、服务热情，各种引导标识突出）、导游服务（引导和解说）、综合服务（公共设施布局合理、卫生达标，通信设施完善，医疗急救措施和制度规范等）。级别由高到低可分为：很好、较好、差。

⑩资源可视性：即从一个或多个位置所能看到的旅游资源范围或可见程度，强调视觉上的通达性。级别由高到低可分为：很好、较好、差。

⑪资源丰富度：指资源种类和数量大小，级别由高到低可分为：很好、较好、差。

⑫资源级别：根据旅游资源质量而划分的等级，分为世界级、国家级、省级、市级、地方级。

⑬开发状态：指旅游资源单体开发程度，按实际情况分为已开发、正在开发、待开发。

⑭濒危资源：是否为濒危资源。

⑮性质与特征：此项要求填写的内容提示有单体性质、形态、结构、组成成分的外在表现和内在因素，以及单体生成过程、演化历史、人事影响等主要环境因素。各旅游资源基本类型有一些共同特征，可以归为以下几类内容。填写该单体性质与特征项时，可选择这几类中的有关内容和数据。归结出以下三步依次描述：第一步，填写单体的外部表现和内部结构，包括单体现实状况、形态、特性、特征、组分；第二步，填写单体形成的原因、形成过程、演化历史与演化方式；第三步，填写单体的周围环境、与单体有关的人物与事件。在填写过程中，需根据实际调查结果记录旅游资源单体的个性化数值。

⑯旅游区域及进出条件：此项要求填写包括旅游资源单体所在地区的具体部位、进出交通、与周边旅游集散地和主要旅游区（点）之间的关系。具体部位主要是指旅游资源单体所在的自然地理空间位置，对这一位置进行观察和描述。如某独树位于某河谷阶地前沿（对阶地进行陈述）；某佛塔位于某建筑遗址附近的平坦地面上（对建筑遗址和平坦地面进行陈述）等；进出交通指的是直接连接单体地点的中近距离路面、水面情况；周边旅游集散地一般指县级及县级以上城市（如距市/县/区中心里程），部分发达地区可将乡镇一级的聚落当做集散地，某些旅游点也视为旅游集散地；主要旅游区（点）一般指与单体距离较近，有较密切关联的已被开发的旅游地（如周围主要景区点名称和距离）。

⑰保护与开发现状：此项要求填写旅游资源单体的保存现状、保护措施、开发情况等。保存现状指的是单体保存的完好程度，分为保存完整、部分保存完整、破坏严重等3级；保护措施指的是单体具体保护方法与保护效果，措施包括行政管理措施和工程保护措施等（如整修情况）；

开发情况指的是单体开发程度、基本设施、研究与管理机构、开发方式、现有效益（如年游客接待量）等。其中，开发程度按实际情况分为：已开发、正在开发和待开发；研究与管理机构包括机构建立的时间、级别；开发方式包括接待时间、活动方式等。

⑱图片：上传旅游资源单体图片（数量不少于3张、不多于8张）。要求图片拍摄距离和角度合适且清晰度高，能准确反映出单体本身的特性。

⑲视频：上传旅游资源单体视频（时间不超过1分钟）。要求视频拍摄距离和角度合适且清晰度高，能准确反映出单体本身的特性。

⑳资料来源：所填报内容（包括文字、图片、视频）的资料来源。如果参考了相关书籍，则填写书籍名称；如果是现场调查获得的信息，则填写“现场采集”。

㉑是否提交：选“是”，则所填报信息上传到服务器且不能再进行修改，单体进入审核状态，因此，在未能保证所填信息准确无误的情况下，保持默认勾选状态“否”。

㉒填表人：填表人姓名。

㉓调查日期：实际调查日期。

资源信息登记完可对资源概况进行评价。

（2）资源列表

资源列表显示本地保存的资源登记信息。用户可以按资源名称进行检索、浏览，也可以同步及删除本地资源信息。

（3）资源信息

资源信息显示提交至服务器的资源信息，用户可以按照资源名称进行检索、浏览。

（4）消息通知

消息通知功能提供用户实时接收并查看系统下发的消息或公告通知等内容。

（5）数据同步

数据同步用于平台数据与APP系统数据更新操作，通过数据同步功能实现与服务器端数据同步。包括行政区划同步、资源类别同步和景区名称同步。

（6）系统帮助

系统使用过程中遇到的操作问题，可以查看系统帮助，指导系统操作，包括使用手册、常见问题和填报示例。

（7）设置

设置包括个人信息、密码修改、版本更新和关于系统4个功能。

①个人信息：用于编辑用户个人信息操作。

②密码修改：用于修改用户密码操作。

③版本更新：用于检查系统版本，更新最新版本的操作。

④关于系统：关于旅游资源采集系统的简介。

应用学习任务

本章小结

通过对旅游资源涉及领域、调查方法、旅游资源管理信息化概念、特点和意义的初步介绍，学习了解旅游资源采集和旅游资源信息管理平台使用操作，掌握如何对旅游资源信息管理，为旅游资源开发和旅游规划奠定基础。

本章首先从宏观层面上将学习视野引领到旅游资源学的学科研究高度上，通过对旅游资源学的学科属性的阐述，使学生构建起旅游资源学的认识和学习框架。然后从微观层面分析旅游资源的基础理论知识，目的是让学生深入、系统地了解旅游资源及其相关概念，深刻把握旅游资源的基本内涵。

旅游资源分类作为本章的重点内容，在系统地阐明旅游资源分类背景与原则的基础上，对旅游资源分类系统进行了详细介绍，并重点对构成旅游资源实际核心内容的旅游资源基本类型的科学涵义做了详细解释，便于学生理解与记忆。旅游资源分类是区域旅游资源调查与评价的基础，也是为人们加深对旅游资源属性系统的了解和认识、发现并掌握其特点与规律，以及更好地开发利用旅游资源提供充分的基础和依据。

通过对旅游资源信息管理平台功能和使用操作的详细介绍，使学生掌握如何对旅游资源进行信息化管理，为旅游资源开发和旅游规划奠定基础。

思考题

1. 基于旅游资源的广泛性、多变性、多元性，需要对旅游资源进行哪些层面的研究?
2. 阐述旅游资源的概念。
3. 具体说明旅游资源定义的内涵。
4. 国家标准《旅游资源分类、调查与评价》(GB/T18972—2017）中旅游资源分类应该遵循哪些原则?
5. 国标对旅游资源分类的层次结构是如何划分的?
6. 阐述旅游资源主类的具体内容。
7. 旅游资源调查步骤有哪些?
8. 旅游资源管理信息化的概念是什么?
9. 旅游资源管理信息化有哪些优点?

10. 旅游资源管理信息化的意义有哪些?
11. 旅游资源采集主要功能有哪些?
12. 旅游资源信息管理的主要内容有哪些?

案例应用

制定一个行政村旅游资源普查方案，统计该地区旅游资源情况，并分析该地区旅游发展方向。

第二章 地文景观旅游资源

学习目标

通过本章节的学习，使学生掌握地文景观类旅游资源各个基本类型的涵义，理解各个基本类型的特性指征，熟悉与基本类型对应的典型景观表现，了解各基本类型代表景点，能够在实地调查时准确判断旅游资源单体类型，并清楚每个基本类型在调查时应关注的内容及其适宜旅游活动的要点。

旅游管理实践中的困境

旅游资源的类型对于确定旅游地的形象是至关重要的，外界对于某个旅游地的向往，多是从它所拥有的旅游资源开始的。一个地方主体旅游资源的种类、品位、特色是构成旅游形象的核心。主体旅游资源的认定，对确定该地区旅游开发的总体战略也具有关键作用。

事实上，对于某地自身旅游资源的认识，经常遇到这样的情况，如在许多山地、丘陵地、谷地、砂砾地等自然区域，没有特别吸引人的景观单体，但那里的诸多普通的自然要素，如山石、河川、池沼、植被等，组合在一起时却具有了一种和谐、生动的景观现象，比如一带山野，一段谷地，一片旷原，不同于一座完整的山地、沙丘、自然保护区那样的自然区域或自然景区的全部，选择它们的一个片断，一个角落，不限规模和大小，都可能对人产生吸引力，这就具备了作为一个旅游资源单体的条件。事实上这样的情况在现实中是大量存在的，但是很多人因为缺乏相关理论知识，不能准确判断哪些景观或现象属于旅游资源，往往忽略了很多潜在的、有价值的旅游资源，造成诸多地文景观类旅游资源“养在深闺无人识”的现象。

因此，正确和深刻地认识旅游资源，准确把握和深入了解旅游资源形式和内涵，发现未知的旅游资源，寻求有价值的特色旅游资源，发现新的旅游资源组合，纠正对旅游资源认识上的不当和偏差，扩充旅游资源开发领域，及时调整旅游资源的开发计划，将使各地区旅游开发最大程度地减少盲目性，避免因认识不足而导致的某些失误。

知识导读

地学包括地理学、地质学、地貌学、土壤学、气象学、水文学等许多独立学科，地学又和生物学、人文科学联合，成为研究地球大气圈、水圈、生物圈、岩石圈和人类圈的一个庞大的学科体系。各圈层之间彼此互相作用、互相影响、相互渗透，其发生和演变过程是极其复杂的。

岩石圈是其他各种圈层活动所依附的场所，主要由固体物质组成，包含部分气态、液态物质。地质学是研究这个圈层的主要学科，岩石圈的表层实际形成旅游资源，如原生地质构造现象、地下水活动造成的水文现象和地文景观，都是旅游资源调查的主要内容。

地质调查主要针对由于地球内部能量引起的地质作用，如地质构造运动、岩浆作用、沉积作用、成岩作用等在地球表层的表现。在地球演化的漫长地质历史时期中，这些地质作用形成了各种保存在岩石中具有重要科学价值、观赏价值的生命遗迹及地质构造现象，如节理、褶曲、断层、火山与熔岩、古生物化石和活动遗迹等。

外动力地质作用，即大气、水和生物在太阳能、重力能的影响下产生的动力对地球表层所进行的各种作用，也是地质调查的对象。不过这一对象也是地貌调查的主要内容，在这方面地质调查和地貌调查是一致的。

地质调查和地貌调查有很多相同的地方，调查的方式和程序包括以下三个步骤，首先是收集资料，根据所要研究的课题和所要解决的问题，尽可能详尽、客观和系统地收集各种有关的数据、样品和其他资料。在野外调查中，一般采用直接观察、口头访问、表格调查、采集标本和摄绘影图五种方法。其次，对所收集的资料进行加工整理、归纳、综合，利用地球科学的研究方法和原理，作出符合客观实际的推论。最后，通过生产实践或科学实验来证实或检验这些推论是否正确，并在实践的过程中不断地修正错误，提高认识，总结规律。

地学调查中，地貌野外调查方法更适合旅游资源调查，在旅游资源调查中广泛引入地貌学方法很有好处。旅游资源的属性形态分类原则与地貌的成因形态分类原则有很多共同之处，这决定了它们在获取原始调查资料和数据方面在实施方法和操作步骤的一致。旅游资源野外调查与地貌调查的内容和方法有很多相似之处（表2-1）。

表2-1　旅游资源野外调查方法与地貌野外调查方法的对比

程序	地貌野外调查	旅游资源野外调查
准备	■ 搜集本区和相邻调查区有关资料 □ 前人的地貌、第四纪地质资料 □ 其他地质和地理文献、报告 □ 相关地图 □ 航空图片 □ 卫星图片 ■ 整理和研究本区和相邻调查区的有关资料 □ 利用地形图编制地貌草图 □ 设计野外考察路线 □ 总结并提出研究区内的重要问题 ■ 编写设计书	■ 搜集旅游调查区的有关资料 □ 文字资料：规划与专题报告、乡土教材、旅游点介绍说明、名人诗词题刻、古典文献、地方志书、建筑设计书 □ 地图资料：自然环境要素图、规划图、交通图、城市图、旅游地图 □ 声像资料及有关文字说明和解说词 ■ 整理旅游调查区的有关资料 □ 填写旅游资源文献卡片 □ 编辑调查区旅游资源文字目录 ■ 编写设计书 ■ 组织调查组
野外调查	■ 初步踏勘 □ 选择不同方向的几条贯穿全区、跨越主要的河谷、冲沟、横切山地的路线进行勘察 □ 对典型地点进行地貌和第四纪剖面测绘 ■ 全面踏勘 □ 一般区域按适当距离布置观测路线和观测点，进行前面地貌调查 □ 典型地貌区域和重要构造、第四纪地层区，进行详细定点观测和描述 ■ 野外制图 □ 实际资料图 □ 地貌类型图 □ 其他地貌图（地貌剖面图、地貌区划图） ■ 其他工作 □ 标本采集 □ 拍摄照片	■ 调查区旅游资源概查 □ 旅游环境 □ 重点旅游资源基本类型 ■ 调查并填写全部旅游资源基本类型调查表，表现下列内容 □ 类型特征与特征数据 □ 旅游环境 □ 旅游开发条件 ■ 野外制图 □ 实际资料图 □ 旅游资源图 ■ 其他工作 □ 拍摄照片 □ 标本采集 □ 数据软盘

续表

程序	地貌野外调查	旅游资源野外调查
野外资料整理	整理与分析标本 整理照片 整理图件 编写报告 □ 区域自然地理概况 □ 区域地质概况 □ 第四纪地层 □ 地貌类型 □ 新构造运动	整理与分析标本 整理照片 整理图件 编写报告 □ 调查区旅游资源 □ 旅游业开发历史与现状 □ 旅游资源基本类型 □ 旅游资源分区与评价 □ 旅游资源开发中的问题

地文景观类旅游资源指“长期地质作用和地理过程形成并在地表面或浅地表存留下来的各种景观”。这里采用“地文”和“景观”两个概念，这两个名词原来都是用来解释综合地表现象的，早期“地文”一词曾被普遍用于指代自然地理学，“地文”一词早在战国时期的《庄子·应帝》一书中就已出现，当时是指地面山岳河海丘陵平原的形状。20世纪初，地文被进一步理解为“研究地球在宇宙中之位置，地球之形状、大小、运动，水陆山川之现象、变化及生物之分布等”（张九辰，中国近代地学主要学科名称的形成与演化），这和目前常说的地质地貌的提法比较一致；景观的原意是“一个区域的地理特征，地方风景或景色”（现代地理学词典，1990年）。后来词义发生了一些变化，地质地貌学家多用它表示地表形态及其形成的过程和形成的机制。在这里，将地文景观引进作为旅游资源类型，主要是依据了此类资源的地质构造和地貌形态的主体内涵，也在一定程度上考虑存在的其他环境要素，如水文、生物等。

此主类旅游资源分布面积大，所属类型种类多，直观性强，是旅游资源中最重要的类型之一。

第一节　AA自然景观综合体

一、AAA山丘型景观

1. 类型说明

山地丘陵内可供观光游览的整体景观或个别景观。

2. 特性指征

许多山岭、山谷连绵交错组合而成的山地地区，和地势起伏不平的大片小山的丘陵区域的整个区域或个别区段。

3. 典型景观（图2-1，图2-2）

4. 代表景点（图2-3～图2-5）

5. 本类型调查要则及业态方向

（1）调查关注

①归属范围；②形态类型（丘陵、低山、中山、高山和极高山）；③局部地形（起伏变

图2-1　海南多异岭

图2-2　南澳黄花山

图2-3　昌黎碣石山

图2-4　鹦哥岭主峰

图2-5　秦皇岛五峰山

化、坡度、小形态）；④形成的原因（内力和外力作用类型）；⑤开展多种旅游活动的良好场所。

（2）适宜旅游业态形式

森林、研学、科考探险、观光、体育等（表2-2）。

表2-2　适宜开展的旅游活动

项目	方式	调查内容
滑翔	练习飞行、越野翱翔	起飞与降落地形、上升风、热气团、锋面、活动时间
野餐	家庭型、中途型、团体型	野餐地类型（草地、林地、园林、山野）即面积、地形平坦程度、隐蔽性、亲水性
露营	团体型、家庭型、原野式	位置、营地面积、地形平坦程度、地面土壤情况、地表植被状况、地表水与地下水状况、气候状况（风向、风速、气温）
登山健行	短程、中程、长程	路程自然环境（气象、地形、地质、水文、植物、动物）、人文环境（土地类型、道路）
攀岩	自由攀登、人工攀登	岩块种类、岩块形状（岩夹石、岩塔、烟囱岩、岩脊、岩棚、悬岩等）、岩沟、岩阶

二、AAB台地型景观

1. 类型说明

山地边缘或山间台状可供观光游览的整体景观或个别景观。

2. 特性指征

台地型景观指四周有陡崖的、直立于邻近低地、顶面基本平坦似台状的地貌。由于构造的间歇性抬升，使其多分布于山地边缘或山间。根据成因可分为构造台地、剥蚀台地、冻融台地等。根据物质组成又可分为基岩台地、黄土台地、红土台地等。台地内水系冲沟稀疏，台面完整，地势平缓，前沿陡坎下明显，耕作条件好，为农业产区。

图2-6　交河台地

3. 典型景观（图2-6，图2-7）

4. 代表景点（图2-8）

5. 本类型调查要则和业态方向

（1）调查关注

①成因；②物质组成；③海拔；④周围环境。

图2-7 山前梯田

图2-8 玄武岩台地

（2）适宜旅游业态形式

研学、科考探险、农业、观光等。

三、AAC沟谷型景观

1. 类型说明

沟谷内可供观光游览的整体景观或个别景观。

2. 特性指征

沟谷型旅游地一般指的是河谷地区，那里有一些可供观光游览的整体区域或个别区段。沟谷在自然界内是一种常见的形态，沟谷形态往往和水文条件结合在一起，成为有吸引力的旅游资源。

3. 典型景观（图2-9，图2-10）

4. 代表景点（图2-11，图2-12）

5. 本类型调查要则及业态方向

（1）调查关注

沟谷的基本形态是线状延伸的凹地。一条成熟的山区河谷经过了三个发展阶段：幼年期、壮年期、老年期。不同发展阶段的侵蚀和堆积状况很不一样，形成的景观有很大差异，这就构成了旅游资源的核心内容，调

图2-9 金沙江峡谷

图2-10　五峰山峡谷

图2-11　海南大溪谷

图2-12　五指山大峡谷

查时要给予足够的关注。

沟谷型旅游地的调查要从整体角度出发，对沟谷内的侵蚀形态、堆积形态及其相互关系统一考虑。这些形态集中体现在河床和河漫滩等沟谷内的一些地域单元。调查时要对沟谷地段的典型形态进行综合记述。

（2）适宜旅游业态形式

森林、观光、科考探险、研学等。

四、AAD滩地型景观

1. 类型说明

缓平滩地内可供观光游览的整体景观或个别景观。

2. 特性指征

滩地型旅游地大部分位于海滨或大河之滨，平缓细腻的沙滩与周围壮阔的水景、奇特的滨海地貌、河谷地貌结合在一起，既可赏景，又可开展沙滩体验旅游项目，构成迷人的综合景观地。

3. 典型景观（图2-13，图2-14）

图2-13　秦皇岛沙滩

图2-14　冯家湾沙滩

图2-15　月亮湾沙滩

图2-16　三亚湾沙滩

4. 代表景点（图2-15，图2-16）

5. 本类型调查要则及业态方向

（1）调查关注

①面积；②植被覆盖率；③动植物种类；④四季观赏性；⑤整体观赏结构。

（2）适宜旅游业态形式

滨海、观光、研学、科考探险、康养度假等。

第二节　AB地质与构造形迹

一、ABA断裂景观

1. 类型说明

地层断裂在地表面形成的景观。

2. 特性指征

物体受力变形，当应力达到破裂强度时，物体就会发生断开，使物体的连续性和完整性遭到破坏，称为断裂或破裂。岩石中的断裂包括裂隙、节理和断层等；不论断裂两侧岩层或岩体是否沿断裂面发生过相对位移。断层属于断裂的一种，断层是有明显位移的断裂。一般概念中断裂指的是一个具有较长距离内的，具有比较复杂的结构，给人规模大的感觉，如果具体到某个剖面上一般称断层（表2-3）。

表2-3 断层的基本类型

名称	主要内容
走向断层	断层走向与岩层走向基本一致
倾向断层	断层走向与岩层走向基本直交
斜向断层	断层走向与岩层走向基本斜交
顺层断层	断层面与岩层面基本一致
纵断层	断层走向与褶皱轴向（或区域构造线）一致
横断层	断层走向与褶皱轴向（或区域构造线）直交
斜断层	断层走向与褶皱轴向（或区域构造线）斜交
正断层	上盘沿断层面相对向下滑动，下盘相对向上滑动的断层
逆断层	上盘沿断层面相对向上滑动，下盘相对向下滑动的断层
平移断层	两盘沿断层面走向相对滑动的断层

3. 典型景观（图2-17）
4. 代表景点（图2-18，图2-19）
5. 本类型调查要则及业态方向

（1）调查关注

断层在自然界是随处可见的，它们形成的各种景观也很普遍。调查时要注意掌握尺度，重点

图2-17 断层景观欣赏

图2-18 东非大裂谷

要放在那些规模较大，断层构造明显外露，景观形态清晰的单体上。对于那些小规模景观模糊的断层现象不必调查。

（2）适宜旅游业态形式

研学、科考探险、观光等。

图2-19　郯城地震断裂带遗址

二、ABB褶曲景观

1. 类型说明

地层在各种内力作用下形成的扭曲变形。

2. 特性指征

层状岩石受到挤压后发生的弯曲构造称为褶曲。褶曲中心部分地层称“核”，两侧的地层称“翼”，同一褶曲层面的最大弯曲点的连线称“枢纽”，褶曲两翼的近似对称面称“轴面”。褶曲不是单一出现的，连续的褶曲叫褶皱。

3. 典型景观（图2-20）

4. 代表景点（图2-21，图2-22）

5. 本类型调查要则及业态方向

（1）调查关注

褶皱地形很有观赏性，在野外经常看到如下褶皱地貌形态：单斜山与猪背岭、背斜山与向斜谷、向斜山和背斜谷、穹隆山与构造盆地等。

①形成原因；②形成年代；③范围；④密集度。

图2-20　褶曲景观欣赏

图2-21　蓬莱褶曲景观1

（2）适宜旅游业态形式

研学、科考探险、观光等。

图2-22 蓬莱褶曲景观2

三、ABC地层剖面

1. 类型说明

地层中具有科学意义的典型剖面。

2. 特性指征

地层是地壳发展过程中经历各种地质作用形成的各种成层的和非成层的岩石的总称，记录着地质历史上的地理环境、构造运动、生物活动的变化。一个地层是包括一种或几种岩石的一套岩层，同一套岩层在岩性、化石等方面具有一致的特性。地层剖面是显示地层的立面，地球表面没有一处不是由地层组成的，所以到处都存在着地层剖面。但是能够成为旅游资源的地层剖面却要求具备严格的条件。其中最主要的条件是剖面必须具有指示意义，表示某一个地质历史时期的古地理环境。

3. 典型景观（图2-23，图2-24）

4. 代表景点（图2-25，图2-26）

5. 本类型调查要则及业态方向

（1）调查关注

①地质年代；②岩石类型；③组合特征；④沉积物类型；⑤沉积相特征；⑥构造现象；⑦地

图2-23 地层剖面欣赏

图2-24 盐池地层剖面

图2-25 岱山石壁地层剖面

图2-26 南澳迎宾屏

层中包含的生物化石及埋藏特征。

（2）适宜旅游业态形式

研学、科考探险、观光等。

四、ABD生物化石点

1. 类型说明

保存在地层中的地质时期的生物遗体、遗骸及活动遗迹的发掘地点。

2. 特性指征

生物化石点通常是和地层剖面联系在一起的，调查内容除了和地层剖面相同的内容外，重点是其中的动植物化石。化石分为遗体化石和遗迹化石两类（表2-4）。

表2-4 生物化石点特性指征

性质	地点及代表性化石
综合类	东临沂县山旺古生物化石群，有10多个门类400多种动植物。植物化石主要有苔藓、蕨类、裸子植物、被子植物，动物化石有昆虫、鱼、两栖、爬行、哺乳动物。代表性的植物化石和动物化石有圆基香椿、胡桃、玄武蛙、蝾螈、野猪、三角原古鹿、纤细近无角犀、东方祖熊
	云南澄江县帽天山澄江动物化石群，有40多个门类80多种动物。动物化石主要有海绵、腔肠、蠕虫、节肢、腕足等动物门或超门。代表性动物有云南虫、华夏鱼
	贵州台江县八郎山凯里化石库，有10多个门类130多种动植物
	山西榆社县榆社古生物化石群，有50多个属160多种动植物。动物化石主要有陆龟、鬣狗、大唇犀、三趾马、轭齿象、乡颈猪、剑齿虎

续表

性质	地点及代表性化石
恐龙类	黑龙江嘉荫（鸭嘴龙），四川自贡（恐龙、翼龙、蛇颈龙、气龙）、合川（马门溪龙）、宜宾（马门龙）、永川（兽脚龙），重庆（重庆龙），广东南雄（足印、恐龙旦），河南西峡、内乡（原鸭嘴龙），内蒙古二连浩特（霸王龙、亚洲似鸟龙、鸭嘴龙、满洲龙、角龙）、查干诺尔、乌拉特后旗（甲龙、原角龙），山西天镇（巨型蜥角类龙），贵州兴义（贵州龙），广西扶绥
鸟类	北京周口店，江苏泗洪（泗洪鸟），内蒙古包头（包头鸟）、鄂托克（鄂托克鸟），云南禄丰（禄丰鸟），湖北松滋（黑档口松滋鸟），河南淅川（河南不飞鸟、中原鸟），甘肃玉门（甘肃鸟），辽宁朝阳（中国鸟、华夏鸟、波罗赤鸟、朝阳鸟）、北票（孔子鸟、辽宁鸟、中华龙鸟、原始祖鸟），陕西洛南（秦鸟），河北丰宁（河北鸟），安徽潜山（秧鸡类鸟）
古象	内蒙古扎赉诺尔（松花江猛犸象），甘肃合水（黄河剑齿象）、清水（象齿），湖北神农架（剑象）
古犀	新疆吐鲁番（巨犀），陕西咸阳（披毛犀），湖北神农架动物（巨犀），浙江筒庐（犀牙），北京崇文（披毛犀）

3. 典型景观（图2-27）

4. 代表景点（图2-28，图2-29）

5. 本类型调查要则及业态方向

（1）调查关注

①相对地质年代；②生物化石所在的地层剖面中的岩石与沉积物类型；③生物的种类；④生物数量；⑤生物大小；⑥生物埋藏特征。

（2）适宜旅游业态形式

研学、科考探险、观光等。

图2-27　生物化石点欣赏

图2-28　河东姜家古生物化石保护区

图2-29　普安乡恐龙化石

第三节　AC地表形态

一、ACA台丘状地景

1. 类型说明

台地和丘陵形状的地貌景观。

2. 特性指征

山体高度和陡峭程度较小。

3. 典型景观（图2-30）

4. 代表景点（图2-31，图2-32）

5. 本类型调查要则及业态方向

（1）调查关注

①高度；②陡峭程度；③植被覆盖率；④景观优美程度。

（2）适宜旅游业态形式

研学、科考探险、观光等。

图2-30　台丘状地景欣赏1

图2-31　台丘状地景欣赏2

图2-32　牙胡梯田

二、ACB峰柱状地景

1. 类型说明

在山地、丘陵或平地上突起的峰状石体。

2. 特性指征

山体高度和陡峭程度较大，有群体和个体之分。

3. 典型景观（图2-33，图2-34）

4. 代表景点（图2-35，图2-36）

5. 本类型调查要则及业态方向

（1）调查关注

①高度；②陡峭程度；③植被覆盖率；④景观优美程度。

（2）适宜旅游业态形式

科考探险、研学、观光等。

图2-33 黄石寨五指峰

图2-34 武夷山玉女峰

图2-35 英岛石林

图2-36 七仙岭七峰

三、ACC垄岗状地景

1. 类型说明

构造形迹的控制下长期受溶蚀作用形成的岩溶地貌。

2. 特性指征

①终碛垄岗状地貌指在冰川前缘由终碛构成的垄岗状地形。是一种在冰川的终端位置暂时稳定时，终碛物会随冰川的移动而不断累积增高，于是在前缘形成弧形垄岗冰川堆积地貌。终碛垄常是古冰川停滞位置的一个重要标志。有时，冰川前进也可将冰碛物向前推挤形成垄岗，这种垄岗中的冰碛物会有明显的挤压变形构造。终碛垄高达数十米甚至百余米，通常迎冰侧较缓，背冰侧较陡。大陆冰川边缘的终碛垄延伸可达数百千米，山岳冰川的终碛垄一般较短。

②熔岩垄岗是熔岩沿地表流动形成长条形的垄岗地形，它的长度和宽度不等，例如大同火山群的熔岩垄岗长几千米，宽几十米至百米；熔岩垄岗的横剖面呈凸透镜体状，中部微微高起，向两侧缓倾。许多熔岩垄岗构成微微起伏的熔岩丘陵。熔岩垄岗的下伏地层的表面，常被熔岩烘烤而有热变质现象。由于熔岩的导热率很小，熔岩表面冷却固结成硬壳后，中心仍然是炽热的岩浆，处于熔融流动状态，使表层固结的岩浆形成皱纹，形似绳状，称为绳状皱纹。皱纹凸出方向指示熔岩流动的方向。沿裂隙喷出的熔岩流比沿中心喷发的熔岩流能延伸更远，分布面积更大。

③垄岗状雅丹地貌，以罗布泊雅丹地貌为代表，形态以长条状的垄岗和沟槽有规律的相间排列为特征，有学者仅将此类地貌作为雅丹地貌，即狭义的雅丹地貌。其形成岩石多为第四系砂岩、泥岩，岩石半胶结，质地软弱，在风力和水力等侵蚀下容易受改造，形成典型的垄岗和沟槽相间排列的地貌。

3. 典型景观（图2-37）

4. 代表景点（图2-38，图2-39）

5. 本类型调查要则及业态方向

（1）调查关注

①形成年代；②成因；③形态结构、排列走向；④周围环境。

（2）适宜旅游业态形式

研学、科考探险、观光等。

图2-37　垄岗状雅丹地貌

图2-38　熔岩垄岗

图2-39　张掖丹霞

四、ACD沟壑与洞穴

1. 类型说明

由内营力塑造或外营力侵蚀形成的沟谷、劣地，以及位于基岩内和岩石表面的天然洞穴。

2. 特性指征

沟壑一般分布密集，由沟谷及其间的丘陵、台地、坡地等正向地形组合构成，一般环境较为恶劣；洞穴主要指岩石洞与岩穴，如溶洞、落水洞与竖井、穿洞与天生桥、火山洞、地表坑穴等。

3. 典型景观（图2-40，图2-41）

4. 代表景点（图2-42，图2-43）

5. 本类型调查要则及业态方向

（1）调查关注

沟壑地的调查不局限于一两道具体的沟谷，要将眼光放到沟壑地存在的较大片的区域，要记录该区沉积物和岩石成分、沟谷密度、沟谷深度等。

我国桂林地区岩溶洞穴发育完好，研究工作深入，按照朱学稳（1988年）对桂林岩溶的研究，洞穴形态可以分为四大成因类型：溶蚀形态、崩塌形态、次生化学冲积形态、生物岩溶形态。洞穴调查时，还要注意有没有地下河，地下河道的线路走向、河床结构、水文状况等；洞穴

图2-40　沟壑地欣赏

图2-41　本溪水洞

图2-42　黄土沟壑

图2-43　海南石花溶洞

环境状况，如风、气温、生物现象等；洞中奇异现象如暑天结冰、洞中生雾、洞壁回声等。

沟壑地的生态状况较恶劣，但它作为地区环境演化的一个实际记录，具有科学研究、环境教育和美学鉴赏的功能。

（2）适宜旅游业态形式

研学、科考探险、观光等。

五、ACE奇特与象形山石

1. 类型说明

形状奇异、拟人状物的山体或石体。

2. 特性指征

花岗岩垂直节理发育，交叉形成菱格，在受到风化、流水侵蚀、重力崩塌，棱角很容易被磨损，变得圆钝，加强球形风化，形成各种类型的丘峰和生动的岩石造型。

3. 典型景观（图2-44，图2-45）

4. 代表景点（图2-46，图2-47）

5. 本类型调查要则及业态方向

（1）调查关注

①地理区域（湿润区、半湿润区、半干旱区、干旱区、高寒区）；②所处部位（山地、丘陵地、台地）；③地质背景（断层、褶曲、节理）；④主导营力（构造、水蚀、风化、重力、风蚀、海蚀、岩溶、人工）；⑤岩层特征（地层年代、岩层产状、岩性组成、构造特征）；⑥山石状态（形态、规模、风化程度与保存状态）；⑦象形内容与象形程度（拟人、状物）。

奇特与象形山石是根据山体和石体的形态特征确定的，包括大型山体景观和中小型山石景观。显现出某种象形形态的大型山体景观，往往是偶然的机遇，调查这一类型的旅游资源时不必过于机械，重点在于山石的“奇特”和“象形”，记述时只要掌握它们的外形特征就可以了。但也有一些成因规律可以用来解释它们的某些景观现象。如果有这样的解释，也要尽量说明。

图2-44　碣石山狗象形石

图2-45　象鼻山

图2-46　天马山-乌龟

图2-47　碣石山-猩猩

（2）适宜旅游业态形式

研学、科考探险、观光等。

六、ACF岩土圈灾变遗迹

1. 类型说明

岩石圈自然灾害变动所留下的表面痕迹。

2. 特性指征

岩石圈灾变遗迹包括由于重力作用使山坡上的土体、岩体整体下滑或崩塌滚落而形成的遗留物；饱含大量泥砂、石块的洪流堆积体；地球局部震动或颤动后遗留下来的痕迹；具有旅游价值的由地壳内部喷发的高温物质堆积而成的火山形态；具有旅游价值的由地壳内部溢出的高温物质堆积而成的岩流形态；具有旅游价值的冰川后退或消失后遗留下来的堆积地形；具有旅游价值的冰川后退或消失后遗留下来的侵蚀地形等。

3. 典型景观（图2-48，图2-49）

4. 代表景点（图2-50，图2-51）

图2-48　北林院火山丘陵

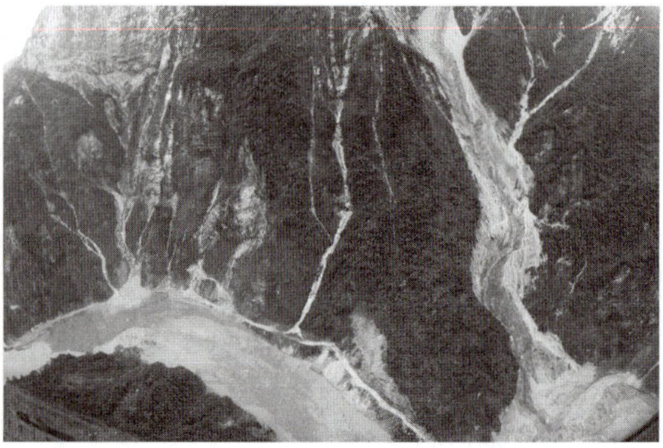

图2-49　汶川泥石流链式危害

图2-50　石涧峡火山口柱状节理

图2-51　重庆奉节县天坑

5. 本类型调查要则及业态方向

（1）调查关注

在调查记录此类旅游资源的外部形态时，应侧重它们的科学技术层面，要求挖掘更深层次的权威、客观、准确资料。灾害性质的旅游资源，调查时除了了解它自身的状况外，还要记述其形成原因以及对它的治理措施，包括工程措施和生物措施。

（2）适宜旅游业态形式

研学、科考探险、观光等。

第四节　AD自然标记与自然现象

一、ADA奇异自然现象

1. 类型说明

发生在地表一般还没有合理解释的自然界奇特现象。

2. 特性指征

这是指人们用现有的科学技术手段或者按照正常的思维逻辑，对世界上无法解释的自然、天文、历史等现象。

3. 典型景观（图2-52，图2-53）

4. 代表景点（图2-54，图2-55）

图2-52　鬼水壶瀑布

图2-53　海面冰花

图2-54　动物自杀

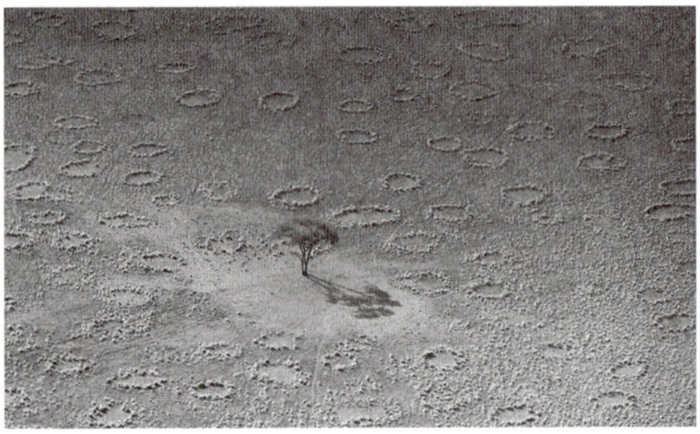

图2-55　纳米比亚仙女圈

5. 本类型调查要则及业态方向

（1）调查关注

①现象范围；②清晰度；③色彩、形态；④持续时间。

（2）适宜旅游业态形式

科考探险、研学、观光等。

二、ADB自然标志地

1. 类型说明

标志特殊地理、自然区域的地点。

2. 特性指征

我国有一些地点、界线，具有特殊的天文地理含义。如大地原点，北回归线标志，亚洲大陆地理中心标志，水准零点标志等。

3. 典型景观（图2-56，图2-57）

4. 代表景点（图2-58，图2-59）

图2-56　南澳自然之门

图2-57　老龙头明长城地理信息标石

5. 本类型调查要则及业态方向

（1）调查关注

①标志建筑规模（占地面积、高度）；②空间分布位置；③标志建筑造型、材料、结构。

（2）适宜旅游业态形式

科考探险、研学、观光等。

图2-58　陕西泾阳大地原点

图2-59　南澳黄花山北回归线标志地

三、ADC垂直自然带

1. 类型说明

山地自然景观及其自然要素（主要是地貌、气候、植被、土壤）随海拔呈梯变规律的现象。

2. 特性指征

在此类山体中，从山麓到山顶，水热状况将随高度的增加而变化。高度增加时，气温随着降低，降水与空气湿度在一定高度以下递增。受温度、水分条件制约的植被、土壤等也发生相应的变化，自下而上组合排列成山地垂直自然带谱。一般在相对高度大于500米的山地中就会看到这一变化。

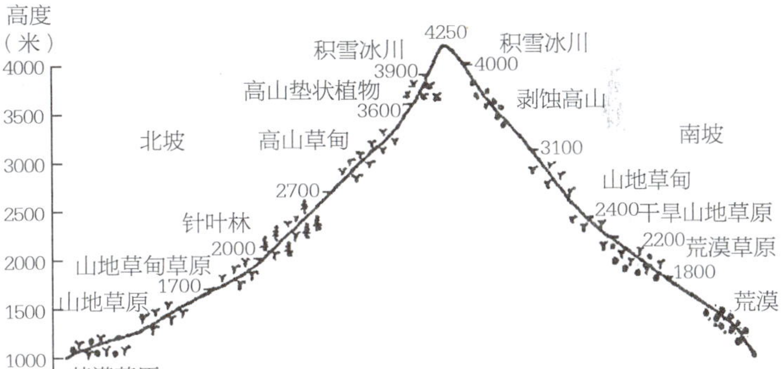

图2-60　山地植被垂直带谱

在垂直自然带谱上，植物群落表现得最明显，是最容易看到的自然现象。以下是我国某些湿润型和干旱型山地植被垂直带谱的图示（图2-60）。

3. 典型景观（图2-61，图2-62）

4. 代表景点（图2-63，图2-64）

5. 本类型调查要则及业态方向

（1）调查关注

①高度；②植被覆盖率；③坡面差异；④植被群落带状况（如带谱完整、植被群落数量多且分界线十分清晰）；⑤四季观赏性；⑥整体观赏结构。

（2）适宜旅游业态形式

森林、研学、科考探险、康养度假、观光等。

图2-61　山地垂直自然带

图2-62　山区垂直自然带

图2-63　吉林长白山

图2-64　四川黄龙垂直自然地带景观

应用学习任务

本章小结

本章重点阐述了地文景观类旅游资源各个基本类型的基础理论知识，在此基础上，详细介绍了每个基本类型在调查时的重点关注内容及其与旅游活动相适宜的要点。通过本章的学习，使学生能够发现并掌握每个基本类型的特点与规律，并能最终结合各种具体的实地旅游景观，顺利完成旅游资源调查笔记的填写，胜任旅游资源普查的工作，从而可以更好地开发利用地文景观类旅游资源。

思考题

1. 结合实例，分析山丘型景观的特点及旅游功能。

2. 沟谷型旅游地的调查要从整体角度出发，对谷地内的__________、__________及其__________统一考虑。
3. 举例说明滩地型旅游地适宜旅游业态形式。
4. 依次判断下图分别属于哪一基本类型的旅游资源。

图2-65

图2-66

图2-67

5. 简要说明生物化石点的调查内容与地层剖面的异同点。
6. 简要说明台丘状地景与峰柱状地景的区别。
7. 沟壑地的调查要记录该区__________、__________、__________等。
8. 简要说明奇特与象形山石在调查时应注意的事项。
9. 岩土圈灾变遗迹主要有哪些类型，举例说明。
10. 如何理解奇异自然现象和自然标志地的概念？
11. 垂直自然带形成的原因是什么？

案例应用（讨论题）

调查你所在的市（县）的地文景观类旅游资源并对调查结果进行讨论。

技能实践

表2-5 旅游资源调查笔记

调查时间	
调查地点	
参加人员	
调查主持	

续表

记录人	

调查关注描述：

适宜旅游业态形式记述：

表2-6 地文景观类旅游资源调查名录

亚类	基本类型	实地调查旅游资源单体名称
AA自然景观综合体	AAA山丘型景观	
	AAB台地型景观	
	AAC沟谷型景观	
	AAD滩地型景观	
AB地质与构造形迹	ABA断裂景观	
	ABB褶曲景观	
	ABC地层剖面	
	ABD生物化石点	
AC地表形态	ACA台丘状地景	
	ACB峰柱状地景	
	ACC垄岗状地景	
	ACD沟壑与洞穴	
	ACE奇特与象形山石	
	ACF岩土圈灾变遗迹	
AD自然标记与自然现象	ADA奇异自然现象	
	ADB自然标志地	
	ADC垂直自然带	

第三章 水域景观旅游资源

学习目标

通过本章节的学习，使学生掌握水域景观类旅游资源各个基本类型的涵义，理解各个基本类型的特性指征，熟悉与基本类型对应的典型景观表现，了解各基本类型有哪些代表景点，能够在实地调查时准确判断旅游资源单体类型，并清楚每个基本类型在调查时应关注哪些内容及其适宜旅游活动的要点。

旅游管理实践中的困境

地球表面约有3/4的面积覆盖着水，水是生命延续的保证，除此之外，各种水体形态也是自然风景的构景要素，组合成丰富多彩的旅游资源。如在陆地与海水相接的海滨部分，海岸、沙滩、岛屿、潮汐等地貌与现象为人类提供了良好的观赏大海、运动健身、度假疗养的旅游活动场所，形成极具吸引力的海滨旅游资源。又如，因陆地表面天然洼地积蓄的水体而形成的湖泊，由于所处的地形部位、成因、水文特征的不同，形成了形形色色、绚丽多姿的湖泊旅游资源。

水体本身具有诸多旅游功能，然而，由于人们缺乏相关理论知识，不能准确判断哪些水体景观属于旅游资源，往往忽略了很多潜在的、有价值的旅游资源，阻碍了旅游资源的开发。

知识导读

水是旅游景观和旅游资源形成发育不可或缺的内容，以海水、陆地地表水和地下水组成的水圈对形成水域景观类旅游资源起着重要的作用。水文调查自然也是旅游资源调查的组成部分。水文调查包括收集水文气象台站的水文资料，并辅以野外勘测和试验获取资料。

水域景观类旅游资源指“水体及所依存的地表环境下构成的景观或现象”，这是一组常见又具丰富内涵的旅游资源系列。这里使用“水域”而不使用“水体”“水文”“水景”等名称，主要是将此类旅游资源置于区域环境内考虑，水域表示了一片有水的地域，如其中基本类型“游憩河段”，既考虑河水，又考虑河床，“游憩湖区”，既考虑湖面，又考虑湖盆（湖岸、湖底），“积雪地”，既考虑雪，又考虑雪地。

水是构成旅游资源的一个很重要的因素，水体本身可以直接成为景观，如河水、湖水、泉水、海水等，成为观光旅游的主要对象；水又是环境的组成部分，加上它个性活跃，它与地文景观类、生物景观类、建筑与设施类旅游资源结合，可以提升这些旅游资源的层次；水还有很好的使用功能，如泉水可以开发出相应的旅游产品。

第一节　BA河系

一、BAA游憩河段

1. 类型说明

可供观光游览的河流段落。

2. 特性指征

河流随处可以见到，很多河流段落是开展观光、游憩旅游很好的对象。现观察河流可从以下方面入手：河谷类型、河床平面形态、河漫滩、阶地等。山区河流谷地横剖面可分为谷底和谷坡两个部分，谷底包括河床和河漫滩、阶地。在较宽的盆地河谷地段，河漫滩和阶地发育较好，水势趋缓。平原河道的谷地大多河床宽浅，河面宽阔，水势更加缓和。河床平面形态有平直、弯曲和分汊等多种。河漫滩是河流在洪水期淹没的河床以外的谷底部分，平原区的河漫滩发育比较好。阶地是人居、种植的场所。河段除了具有观光功能以外，主要还有各种游憩功能。

3. 典型景观（图3-1，图3-2）

4. 代表景点（图3-3，图3-4）

5. 本类型调查要则及业态方向

（1）调查关注

将游憩河段视为旅游资源类型有三项要求，第一，不是整条河流，而是截取其中的局部段落。这样同一条河流就可能有一处或一处以上河段；第二，河段内必须有长年水流，否则就可能

图3-1　海南陵水河河段

图3-2　秦皇岛戴河河段

图3-3　蓬莱平山河河段

图3-4　海南万泉河河段

被归入其他类型（如地文景观类的沟谷型景观或沟壑与洞穴类等）；第三，河段必须可以满足观光游憩，漂流等旅游需求。

①河谷类型（山地河谷、平原河谷、悬河河谷、三角洲河谷）；②河床平面形态（平直、曲流、辫流）；③河床纵剖面（纵比降、跌水、急坡、静潭）、河谷横剖面（宽度、边坡、台地或阶地、河漫滩）；④河床物质（岩石、泥沙、砾石或角砾）；⑤水流状况（水深、水量、水温、流速）、水质（含沙量、化学成分、水色）、水中生物（鱼类、水中植物）；⑥流域面积，水文动态情况，如流域降雨总量、降雨历时、降雨过程和分布范围；⑦河床冲刷和淤积情况，历史洪灾、旱灾；⑧两岸环境特征（植被、人工建筑与设施）。

（2）适宜旅游业态形式

除了观光以外，有的河段还可以开展很多水上活动（表3-1），如游泳、钓鱼、船舶游江、龙舟比赛、滑水、漂流、潜水等。

适合康养度假、体育、赛事、节庆等。

表3-1　适宜开展旅游活动

项目	方式	调查内容
游泳	自由嬉水、跳水	水质（大肠杆菌数目透明度）、水流流速、水温、水流状况（涡流、暗流）、河底地形变化、河底坡度、水深、河底底质、水体自净能力
钓鱼	船钓、滩钓、堤钓	鱼群数量、鱼种、流速、风浪
船舶游江	竹木船、皮船	水流量、流速、河宽、河段长度、水深、河底地形、水质
漂流	竹木船、皮船	河流弯曲、水面宽度、河床坡降、底质、障碍、流量、水质、水温

二、BAB瀑布

1. 类型说明

河水在流经断层、凹陷等地区时垂直从高空跌落的跌水。

2. 特性指征

瀑布有两种类型，一种是从悬崖处倾泻或散落下来的水流，称为悬瀑，另一种是从河床陡坡上跌落下来落差不大的水流，称为跌水。在地势起伏较大、水量较充沛的山区河道内，出现的几率很高，景观突出。有常年瀑布、季节性瀑布、偶发性瀑布之分。瀑布还有单级和多级的区别。

3. 典型景观（图3-5，图3-6）

4. 代表景点（图3-7，图3-8）

5. 本类型调查要则及业态方向

（1）调查关注

①瀑布类型（断层瀑布、堰塞瀑布、袭夺瀑布、差异侵蚀瀑布、岩溶瀑布、冰川瀑布等）；②陡崖状况（陡坎高度、崖坎的坡度、崖坎的岩石结构和物质成分）；③水体状况（瀑布宽度、过水量、水帘景观、声响、色彩变化等）；④外观流态。

（2）适宜旅游业态形式

观光、康养度假、研学等。

图3-5 海南大里瀑布

图3-6 海南居仁瀑布

图3-7 海南大泄瀑布

图3-8 吊罗山水帘悬幕

三、BAC古河道段落

1. 类型说明

已经消失的历史河道现存段落。

2. 特性指征

古河道段落是指曾经存在但现在已经消失，一般仍保持着较好的河道形态的历史河道段落。在时间上，它包括地质时期和历史时期的古河道，历史时期的古河道也有人称之为放河道，如黄河故道。在空间上，它包括已被地面物质埋藏或海面覆盖和裸露地表的古河道两大类。平原地区古河道在平面上都呈条带形，有两种表现形式：古河床高地和古河床洼地。山区地区古河道由河流溯源侵蚀造成。

3. 典型景观（图3-9，图3-10）

4. 代表景点（图3-11，图3-12）

5. 本类型调查要则及业态方向

（1）调查关注

①成因；②地表形态；③地下埋藏河道的地表痕迹。

图3-9　古河道段落

图3-10　古河道遗址

图3-11　大港古河道

图3-12　罗定古河道

（2）适宜旅游业态形式

研学、科考探险、观光等。

第二节　BB湖沼

一、BBA游憩湖区

1. 类型说明

湖泊水体的观光游览区与段落。

2. 特性指征

“湖区”是将整个湖泊（一般较小）或整个湖泊（一般较大）的某些部分看做是一个旅游资源单体。天然湖泊主要分为以下类型（表3-2）。

表3-2　中国天然湖泊类型

依据	类型
水面面积	超大型、大型、中型、小型湖
补给条件	外流湖、内流湖
与径流关系	断陷湖、火山口湖、堰塞湖、溶蚀湖、冰川湖、风蚀湖、河道湖、牛轭湖、泻湖
湖水含盐度	淡水湖、咸水湖、盐湖
湖水中的营养物质	富营养型湖、中营养型湖、贫营养型湖
温度状况	暖湖、温湖、冷湖

3. 典型景观（图3-13，图3-14）

4. 代表景点（图3-15，图3-16）

图3-13　黄花山水库

图3-14　昌黎碣阳湖

图3-15　海南雷公滩湖

图3-16　盐池哈巴湖

5. 本类型调查要则及业态方向

（1）调查关注

①所属湖泊的地理部位；②所属湖泊性质与状态（成因、湖盆和湖滨形态、面积、补给条件、水下岸坡形状、水下岸坡坡度、湖泊深度）；③湖底和湖滨的物质组成；④湖水物理性质（水温、水质、水色、透明度、漂浮物）；⑤湖水冰冻过程（冰冻起止日期、冰层厚度、冰面形状）；⑥湖水化学性质（湖水中所含主要化学成分和有机质含量、细菌总数、生物耗氧量、化学耗氧量等）；⑦水体安全情况，如泥沙含量、水污染、历史洪灾、旱灾、涝灾和凌灾；⑧水的利用情况，如灌溉、工农业和生活用水、旅游开发。

（2）适宜旅游业态形式

观光、康养度假、娱乐、体育、赛事等。

二、BBB潭池

1. 类型说明

四周有岸的小片水域。

2. 特性指征

池是用自然形成的装有水的小型坑洼或者人工材料修建、具有防渗作用的蓄水设施，潭是池的一种，比较深的池为潭。潭池一般比湖泊的面积小。

3. 典型景观（图3-17，图3-18）

4. 代表景点（图3-19，图3-20）

5. 本类型调查要则及业态方向

（1）调查关注

①水质情况；②深度；③物理性质（水温、水色、透明度等）；④周围环境。

（2）适宜旅游业态形式

观光、娱乐、康养度假等。

图3-17　海南爱心潭

图3-18　海南冯塘

图3-19　海南英岛湖

图3-20　南澳石潭寺潭池

三、BBC湿地

1. 类型说明

天然或人工形成的沼泽地等带有静止或流动水体的成片浅水区。

2. 特性指征

湿地可以包括邻接湿地的河湖沿岸、沿海区域以及湿地范围岛屿或低潮时水深不超过6米的水域。所有季节性或常年积水地段，包含沼泽、泥炭地、湿草甸、湖泊、河流及泛滥平原、河口三角洲、滩涂、珊瑚礁、红树林、水库、池塘、水稻田以及低潮时水深浅于6米的海岸带等，均属湿地范围。

湿地是位于陆生生态系统和水生生态系统之间的过渡性地带，在土壤浸泡在水中的特定环境下，生长着很多湿地的特征植物。湿地广泛分布于世界各地，拥有众多野生动植物资源，是重要的生态系统。很多珍稀水禽的繁殖和迁徙离不开湿地，因此湿地被称为“鸟类的乐园”。湿地强大的生态净化作用，因而又有“地球之肾”的美名。

湿地有很多类型，分类的依据是沼泽所在的地貌条件、水源补给类型和水分状况、沼泽植被特征、沼泽发育阶段、利用途径等要素（表3–3）。

表3-3 中国湿地类型及划分标准

类型	内容	划分标准
近海及海岸湿地	浅海水域	低潮时水深不超过6米的永久水域，植被盖度小于30%，包括海域、海峡
	潮下水生层	海洋低潮线以下，植被盖度大于30%，包括海草层，海洋草地
	珊瑚礁	由珊瑚聚集生长而成的湿地，包括珊瑚岛及其有珊瑚生长的海域
	岩石性海岸	底部基质75%以上是岩石，盖度小于30%的植被覆盖的硬质海岸，包括岩石性沿海岛屿、海岩峭壁
	潮间沙石海滩	潮间植被盖度小于30%，底质以沙、砾石为主
	潮间淤泥海滩	植被盖度小于30%，底质以淤泥为主
	潮间盐水沼泽	植被盖度大于等于30%的盐沼
	红树林沼泽	以红树植物群落为主的潮间沼泽
	海岸性咸水湖	海岸带范围内的咸水湖泊
	海岸性淡水湖	海岸带范围内的淡水湖泊
	河口水域	从近口段的潮区界（潮差为零）至口外海滨段的淡水舌锋缘之间的永久性水域
	三角洲湿地	河口区由沙岛、沙洲、沙嘴等发育而成的低冲积平原
河流湿地	永久性河流	包括河床和河流中面积小于100公顷的水库（塘）
	季节性或间歇性河流	季节性或间歇性河流
	泛洪平原湿地	河水泛滥淹没（以多年平均洪水位为准）的河流两岸地势低平地区，包括河滩、泛滥河谷，季节性泛滥草地
湖泊湿地	永久性淡水湖	常年积水的海岸带范围以外的淡水湖泊
	季节性淡水湖	季节性或临时性积水的淡水湖泊
	永久性咸水湖	常年积水咸水湖泊
	季节性咸水湖	季节性或临时性积水的咸水湖泊

续表

类型	内容	划分标准
沼泽湿地	藓类湿地	以藓类植物为主，盖度100%的泥炭沼泽
	草本沼泽	植被盖度大于等于30%，以草本植物为主的沼泽
	沼泽化草甸	包括分布在平原地区的沼泽化草甸以及高山和高原地区具有高寒性质的沼泽化草甸、冻原池塘、融雪形成的临时水域
	灌丛沼泽	以灌木为主的沼泽、植被盖度大于等于30%
	森林沼泽	有明显主干、高于6米、郁闭度大于等于0.2的木本植物组成的群落沼泽
	内陆盐沼	由一年生和多年生盐生植物群落组成，水含盐量达0.6%以上，植被盖度大于等于30%
	地热湿地	由温泉水补给的沼泽湿地
	淡水泉或绿洲湿地	淡水泉和河流灌溉区域
库塘	库塘	为灌溉、水电、防洪等目的而建造的人工蓄水设备

注1：近海及海岸湿地：低潮时水深6米以内的海域及其沿岸海水浸湿地带

注2：河流湿地限于河床（枯水河槽）平均宽度大于等于10米，面积大于100平方千米的全国主要水系的四级以上的支流

3. 典型景观（图3-21，图3-22）

4. 代表景点（图3-23，图3-24）

5. 本类型调查要则及业态方向

（1）调查关注

①面积；②类型；③地貌；④气候；⑤土壤；⑥野生动物、植被等；⑦水文。

（2）适宜旅游业态形式

观光、康养度假、研学、娱乐等。

图3-21 海南彩桥记忆湿地

图3-22 海南红树湾红树林湿地

图3-23　辽宁红海滩湿地

图3-24　沙美红树林湿地

第三节　BC地下水

一、BCA泉

1. 类型说明

地下水的天然露头（表3-4）。

2. 特性指征

冷泉水温低于20℃或低于当地年平均气温。

表3-4　泉的主要类型

依据	名称及部分指标
泉水温度	冷泉、温泉
泉的成因	接触泉、裂隙泉、断层泉、溶洞泉
出露地表性质	上升泉、下降泉
所在环境	火山区温泉、变质岩区温泉、沉积岩区温泉
涌出状态	长流泉、间歇泉、喷泉、珍珠泉、爆炸泉、喷气泉、热泥泉
泉水化学成分	碳酸泉、硫磺泉、氯化钠泉、碳酸氢钠泉、碘泉、铁泉、氡泉

续表

依据	名称及部分指标
pH	强酸性温泉（1）、酸性温泉（3以下）、弱酸性温泉（3～6）、中性温泉（6～7.5）、强碱性温泉（7.5～8.5）、碱性温泉（8.5以上）

3. 典型景观（图3-25，图3-26）

4. 代表景点（图3-27，图3-28）

5. 本类型调查要则及业态方向

（1）调查关注

真正能够成为旅游资源的是那些本身单独构成景观的，或出水量大的，或者具有文化内涵的，或者具有医疗效果的。

①水温；②成因；③涌出状态；④水质；⑤周围自然景观。

（2）适宜旅游业态形式

康养度假、观光、娱乐、文化等。

图3-25 海南红花冷泉

图3-26 海南春山冷泉

图3-27 南澳智慧泉

图3-28 海南久温塘火山冷泉

二、BCB埋藏水体

1. 类型说明

埋藏于地下的温度适宜、具有矿物质元素的地下热水、热气。

2. 特性指征

一般温度超过20℃或超过当地年平均气温，含有丰富的矿物质元素。

3. 典型景观（图3-29，图3-30）

4. 代表景点（图3-31，图3-32）

5. 本类型调查要则及业态方向

（1）调查关注

①温度；②成因；③化学成分；④物理性质；⑤周围自然景观。

（2）适宜旅游业态形式

康养度假、娱乐、观光等。

图3-29　海南蓝洋温泉

图3-30　羊八井地热温泉

图3-31　秦皇岛小尼河温泉

图3-32　腾冲热海大滚锅

第四节 BD冰雪地

一、BDA积雪地

1. 类型说明

长时间不融化的降雪堆积面。

2. 特性指征

覆盖在地球表面的雪，称为积雪。只有当地面土壤温度和贴地层空气温度在一个比较长的时间里保持在0℃以下时，才有可能出现积雪。有积雪的地区，根据积雪时间的长短，又可分为季节积雪地区和永久积雪地区。每年从冬天开始积雪，春季时积雪融化的地带，称为季节积雪地区。在一些高山上的积雪，即使在夏季最热的时候，也融化不完，称为终年不化的积雪。这些积聚终年不化积雪的地方，称为永久积雪地区。

3. 典型景观（图3-33，图3-34）

4. 代表景点（图3-35，图3-36）

5. 本类型调查要则及业态方向

（1）调查关注

①积雪量；②积雪物理性质（形状、厚度、硬度、湿度）；③宏观地理环境（积雪地降雪起止时间、降雪强度、降雪量、积雪期平均气温和气温变化、风、日照等）。

积雪地区应该有较长的积雪期，雪质要好，风速要小，温度要适中，温度太低不利于滑雪者活动，太高不易保存积雪。从旅游资源的角度来看，积雪地必须具有两个必要条件：足够的积雪量和适宜开展雪上活动的地面。

图3-33 积雪地欣赏

图3-34 喀纳斯积雪地

图3-35　中国雪山

图3-36　中国雪乡

（2）适宜旅游业态形式

观光、康养度假、研学、科考探险、体育、赛事等。

二、BDB现代冰川

1. 类型说明

现代冰川存留区域。

2. 特性指征

冰川是较长时间存在于寒冷地区的一种由多年降雪不断积累变质形成的天然冰体。冰川分为大陆冰盖和山岳冰川两种类型。大陆冰盖见于高纬度的南极和北极地区，我国的冰川属于山岳冰川，存在于西部地区高海拔的山地中。冰川类型有较小体量的冰斗冰川、悬冰川和大体量的山谷冰川。

3. 典型景观（图3-37，图3-38）

4. 代表景点（图3-39，图3-40）

图3-37　冰川欣赏1

图3-38　冰川欣赏2

图3-39 西藏米堆冰川

图3-40 南极冰盖

5. 本类型调查要则及业态方向

（1）调查关注

①冰川类型；②冰川形态；③冰川形成原因；④冰川的物理指标（颜色、高度等）。

（2）适宜旅游业态形式

观光、科考探险、研学等。

第五节 BE海面

一、BEA游憩海域

1. 类型说明

可供观光游憩的海上区域。

2. 特性指征

可供观赏和开展海上体育健身活动的近岸海面称为观光游憩海域。这里将其限定于“海域”，是考虑到一个完整的海洋，不可能被看做是一个旅游资源单体，海洋的一个局部区域，一个小的角落，才可构成旅游资源单体，这样的单体很多，它们之间存在着密切的联系，但在景观特征、环境特征上仍然有着明显的差别，旅游开发上也会有很多不同。

3. **典型景观**（图3-41，图3-42）

4. **代表景点**（图3-43，图3-44）

5. **本类型调查要则及业态方向**

（1）调查关注

①与陆地海岸或河流入海口间的地理位置和水文关系；②海域类型（河口湾、海湾等）；③海底环境（海水深度、海底坡度、海底物质）；④海水物理指标（水色、透明度、水温等）；⑤海水化学指标（盐度、常量元素、微量元素）；⑥海水生物（鸟类、鱼类、贝类、甲壳类、浮游植物、珊瑚）；⑦海水动态（波浪、潮汐、海流）；⑧海洋生产（养殖、海盐、能源、砂石）；⑨海域管理（禁渔、环境保护）。

（2）适宜旅游业态形式

海洋、滨海、康养度假、观光、娱乐、体育、赛事、科考探险、研学等。

图3-41　蓬莱海边

图3-42　游憩海域欣赏

图3-43　南澳青澳湾

图3-44　海南龙湾海韵

二、BEB涌潮与击浪现象

1. 类型说明

海水大潮时潮水涌进景象、以及海浪推进时的击岸现象。

2. 特性指征

涌潮或潮涌，是一种潮汐现象。其中，上涨潮水的前端形成在河流或者狭窄的海湾上方逆方向运动的水浪；击浪特指海水的运动，海浪向岸边推进时，拍打海岸造成水花卷起的状况。

3. 典型景观（图3-45，图3-46）

4. 代表景点（图3-47，图3-48）

5. 本类型调查要则及业态方向

（1）调查关注

①发生时间；②高度；③推进速度；④持续时间。

（2）适宜旅游业态形式

海洋、滨海、观光等。

图3-45　南澳涌潮

图3-46　击浪现象

图3-47　儋州市龙门激浪

图3-48　南澳田仔浪涌

三、BEC小型岛礁

1. 类型说明

出现在江海中的小型明礁或暗礁。

2. 特性指征

位于海洋中的岛屿和礁石，是海底地形之一。有由于海平面上升形成的大陆岛礁、泥沙堆积形成的冲积岛礁、岩浆喷发形成的火山岛礁、生物骨骸胶结形成的珊瑚岛礁。

3. 典型景观（图3-49，图3-50）

4. 代表景点（图3-51，图3-52）

5. 本类型调查要则及业态方向

（1）调查关注

①大小；②形态；③组成成分；④周围环境。

（2）适宜旅游业态形式

海洋、滨海、观光、康养度假、研学、科考探险等。

图3-49　南澳礁石

图3-50　南澳岛屿

图3-51　大洲岛

图3-52　南澳猎屿

应用学习任务

本章小结

本章重点阐述了水域景观类旅游资源各个基本类型的基础理论知识，在此基础上，详细介绍了每个基本类型在调查时的重点关注内容及其与旅游活动相适宜的要点。通过本章的学习，使学生能够发现并掌握每个基本类型的特点与规律，并能最终结合各种具体的实地旅游景观，顺利完成旅游资源调查笔记的填写，胜任旅游资源普查的工作，从而可以更好地开发利用水域景观类旅游资源。

思考题

1. 在对游憩河段进行调查时，应关注哪些内容？
2. 试述瀑布形成的条件。
3. 如何理解古河道段落的科普教育意义？
4. 天然湖泊主要有哪些类型？
5. 潭池与湖泊的区别是什么？
6. 举例说明冷泉与温泉的养生保健作用。
7. 具体说明观光游憩海域在调查时应关注哪些内容？
8. 依次判断下图分别属于哪一基本类型的旅游资源。

图3-53

图3-54

图3-55

图3-56

9. 什么是小型岛礁？简要说明其旅游功能。

案例应用（讨论题）

调查你所在的市（县）的水域景观类旅游资源并对调查结果进行讨论。

技能实践

表3-5 旅游资源调查笔记

调查时间	
调查地点	
参加人员	
调查主持	
记录人	

调查关注描述：

适宜旅游业态形式记述：

表3-6 水域景观类旅游资源调查名录

亚类	基本类型	实地调查旅游资源单体名称
BA河系	BAA游憩河段	
	BAB 瀑布	
	BAC古河道段落	
BB湖沼	BBA 游憩湖区	
	BBB潭池	
	BBC湿地	
BC地下水	BCA泉	
	BCB埋藏水体	
BD冰雪地	BDA积雪地	
	BDB现代冰川	
BE海面	BEA 游憩海域	
	BEB涌潮与击浪现象	
	BEC 小型岛礁	

第四章 生物景观旅游资源

学习目标

通过本章节的学习，使学生掌握生物景观类旅游资源各个基本类型的涵义，理解各个基本类型的特性指征，熟悉与基本类型对应的典型景观表现，了解各基本类型有哪些代表景点，能够在实地调查时准确判断旅游资源单体类型，并清楚每个基本类型在调查时应关注的内容及其适宜旅游活动的要点。

旅游管理实践中的困境

生物景观资源丰富多样，主要包括动植物及其相关生存环境所构成的各种过程与现象。不同的地理环境下生存的植物群落和动物群落，在景观上存在着明显的地域差异，不仅形成了地表最有特色、最生动的外部特征，也构成了丰富多彩的娱乐环境和观赏游览对象。

某地在一次全面的旅游资源普查过程中发现，很多年代久远的古树没有引起人们重视，未得到应有的保护，究其原因，主要是人们缺乏相关理论知识，不清楚什么是旅游资源，更不能准确判断哪些景观属于生物景观类旅游资源，往往忽略了很多潜在的、有价值的旅游资源。

知识导读

生物圈是有生命活动的圈层，包括植物、动物和微生物。其中植物和动物构成了这个圈层中的生物景观类旅游资源的主体。

植物分为很多类型，植物分类上设立的各种单位，是用来表示各种植物之间类似的程度、亲缘关系的远近、习性的差异，明确植物的系统。把各个分类等级按照其高低和从属亲缘关系，顺序地排列起来，归为门、纲、目、科、属、种。有时为了更细致地区别植物，还在各级分类单位中，增加亚级单位，如亚门、亚纲、亚目、亚科、亚属等。在种以下，还增加亚种、变种、变型等单位。

植物界是一个庞大的世界，地球上现有植物40多万种，它们被归为四大类：藻菌植物、苔藓植物、蕨类植物和种子植物。其中包括藻类8门、菌类3门、地衣1门、苔藓1门、蕨类1门、种子植物2门，共16门（表4-1）。

表4-1　植物分类简表

<table>
<tr><td rowspan="4">孢子植物</td><td>裸藻门、绿藻门、轮藻门、金藻门、甲藻门、红藻门、蓝藻门、褐藻门</td><td>藻类植物</td><td rowspan="4">低等植物</td></tr>
<tr><td>细菌门、黏菌门、真菌门</td><td>菌类植物</td></tr>
<tr><td colspan="2">地衣门</td></tr>
<tr><td colspan="2">苔藓植物门、蕨类植物门</td></tr>
<tr><td>种子植物</td><td colspan="2">裸子植物门、被子植物门</td><td>高等植物</td></tr>
</table>

表4-1中，藻类、菌类、地衣、苔藓、蕨类植物是用孢子繁衍后代的，不开花，称为孢子植物或隐花植物。裸子植物和被子植物用种子繁衍后代，开花结籽，称为种子植物或显花植物。藻菌植物、苔藓植物、蕨类植物和种子植物组成植物界的基本类群。这些类群在旅游资源调查中经常遇到，对于旅游开发具有不同意义。这里主要介绍藻菌植物和种子植物。

藻菌植物中藻类植物种类很多，个体小，但在水域中却构成了体积很大的浮游植物，有的可以食用，如海带、海白菜、紫菜、鹿角菜等。菌类植物种类多，生长快速，生殖时间短，其中细菌在工业、农业和医药卫生等方面起作用，有些真菌如蘑菇、木耳可以食用。

种子植物是当今地球上最繁盛的植物类群，根据其种子的外面有无包被分为裸子植物和被子植物两类。

裸子植物种类很多，全世界有13科760多种，我国有10科220多种，都是多年生木本植物，大多数为高大的乔木，多为常绿树种，观赏价值高，还是组成森林的主要树种，大约占到我国森林面积的80%。常见的有银杏科的银杏；松科的金钱松、银杉、油杉、红松、雪松、油松、马尾松、白皮松、华山松、落叶松、云衫；柏科的侧柏、圆柏（桧柏）、扁柏、杜松、龙柏等。

被子植物是现代植物界中最高级、最繁茂、分布最广、在地球上占绝对优势的植物类群，全世界有300多科20万～30万种，我国有250科2.7万多种。常见的有以下类型，杨柳科的毛白杨、钻天杨、银白杨、小叶杨、加拿大杨、山杨、旱柳、垂柳、黄花柳等；蓼科的水蓼、酸膜叶蓼、萹蓄、大黄、两栖蓼、拳参、箭叶蓼、竹节细蓼等；藜科的甜菜、菠菜碱蓬等；苋科的鸡冠花、千日红、苋菜等；石竹科的石竹、石竹梅、香石竹、剪秋萝、剪夏萝等；木兰科的白玉兰、紫玉兰、白兰花、含笑、鹅掌楸等；毛茛科的牡丹、芍药、毛茛、飞燕草、铁线莲、金莲花等；睡莲科的睡莲、红睡莲、玉莲、莲（荷）等；罂粟科的罂粟、虞美人、荷苞牡丹等；十字花科的二月兰、桂竹香、紫罗兰、独行菜、萝卜、白菜等；景天科的景天、垂盆草、瓦松、落地生根、八宝等；蔷薇科的观赏植物月季、梅花、黄刺玫、海棠、樱花等；豆科的紫荆、刺槐、合欢、紫藤、国槐等；堇菜科的堇菜、紫花地丁、三色堇等；报春花科的报春花、四季樱草、点地梅、桂花等；菊科的野菊、菊花、蒲公英、蒿草等；禾本科的画眉草、芦苇、野牛草、结缕草等；莎草科的苔草、莎草、水葱等；百合科的百合、山丹、知母等。此外，还有大戟科、葡萄科、锦葵科、夹竹桃科、唇形科、茄科等。

上述这些植物，特别是其中的裸子植物和被子植物，包括了乔木、灌木和草本等多种形态，有的常绿，有的落叶，有的一二年生，有的多年生。它们的分布地区很广，从热带到寒带的高山、高原、低地、水中都能生长。它们构成的植物群落和生物景观，如以植物群体为主构成的林地和丛树，以植物个体为主构成的独树，以草本植物为主构成的草地，以水生植物为主构成的沼泽湿地，共同构成了极其丰富的植物景观。

除了植物以外，动物也是构成生物景观的重要组成部分。动物也和植物一样，按照门、纲、目、科、属、种等单元分类。动物共有34个门，其中脊索动物门是动物界最高等的门。该门动物的标志是背侧有一条脊索，它又分为3个亚门，尾索动物亚门、头索动物亚门、脊椎动物亚门。其中脊椎动物亚门是脊椎动物门最大和最先进的亚门。这个亚门的动物的脊椎骨架支持体型，包含6个纲，即圆口纲、鱼纲、两栖纲、爬行纲、鸟纲和哺乳纲。其中圆口纲动物有头、无颌，又称无颌类；鱼纲是脊椎动物亚门最大的纲，鱼共有2.7万多种，占所有脊椎动物的半数左右；两栖纲动物是拥有四肢的脊椎动物，大约有3000多种；爬行纲原有5个亚纲17目，大量动物已灭绝，现仅存4目；鸟纲的鸟是两足、恒温、卵生的脊椎动物，目前全世界鸟类有9000多种，我国有1300多种；哺乳纲动物有26个目，除六种最原始的哺乳动物外，所有哺乳动物都是直接生仔的。

根据世界陆栖脊椎动物的现代分布，按其亲缘关系的近疏所划分的古北界、东洋界的动物区系上，划分出了七个动物地理区，每个区域的珍贵稀有特产动物归总如表4-2。

表4-2 中国动物地理区珍贵稀有特产动物

动物区	主要地区	主要动物
东北区	大兴安岭、阿尔泰山、长白山、松辽平原	驯鹿、驼鹿、紫貂、麝、狼獾、东北虎、梅花鹿、青羊、天鹅、丹顶鹤
华北区	黄淮海平原、黄土高原	长尾雉、猕猴、褐马鸡、大鲵、青羊、石貂、天鹅、獐
蒙新区	东部草原、西部荒漠、天山山地	盘羊、天鹅、石貂、鹅喉羚、野骆驼、高原雪鸡、大鸨、赛加羚羊、野马、野驴、黄羊
青藏区	羌塘高原、青海、藏南	野驴、野牦牛、岩羊、盘羊、藏羚羊、高原雪鸡、黑颈鹤、角雉、白唇鹿、白马鸡、麝、石貂
西南区	西南山地、喜马拉雅山	小熊猫、金丝猴、羚羊、懒猴、麝
华中区	东部丘陵平原、西部山地高原	大熊猫、梅花鹿、金丝猴、獐、长尾雉、角雉、毛冠鹿、白暨豚、黑麂子、猕猴、鸳鸯、鳄蜥、扬子鳄、麝
华南区	闽粤沿海、滇南山地、海南岛、台湾、南海诸岛	野牛、绿孔雀、双角犀鸟、野象、叶猴、黑长臂猿、华南虎、海南坡鹿、台湾猴、长尾雉

以生物群体构成的旅游景观，个别的具有珍稀品种和奇异形态个体归为生物类旅游资源。这是一个重要的旅游资源体系，包括植物类旅游资源和动物类旅游资源。这些旅游资源中，动物、植物有机体的生理过程和表现于外部的形态结构构成了丰富多彩的生物景观，如由稠密生长，主要由乔木组成的植物群体、个体构成的林地景观、丛树景观；由草本植物覆盖构成的草地景观；在空地、草原或灌木、乔木林中丛生的花卉群体景观；由野生的水生、陆生、鸟类、蝶类动物构成的常年或季节性的栖息地景观。

生物构成的旅游资源是运动的、变化发展的，这是此类旅游资源的突出表现。它们与环境的结合十分密切，以此构成的旅游资源内涵丰富，景观生动。

第一节　CA植被景观

一、CAA林地

1. 类型说明

生长在一起的大片树木组成的植物群体。

2. 特性指征

林地可能是森林的一部分。进一步的科学解释，认为森林是“一种重要的植被资源，它是林地及其所生长的森林等有机体的总称，包括林木、林下植物、土壤微生物资源及其他自然环境因素等”（刘南威，2000年）。林地经常是以森林为依托，但作为旅游资源的林地一般不是森林的全部而是其中的一部分，可将这些部分划分为单体。

我国森林的类型（表4–3）有雨林、阔叶林、针叶林、针阔混交林等，构成了各自的特色景观。雨林包括热带雨林和热带季雨林两个系统；阔叶林主要包括亚热带地区的常绿阔叶林和温带地区的落叶阔叶林；针叶林分为冬季落叶的落叶针叶林和四季常绿的常绿针叶林（图4–1～图4–2）。

表4-3　不同自然地带森林类型

自然地带	热带	亚热带			温带		
		南亚热带	中亚热带	北亚热带	暖温带	中温带	寒温带
主要森林类型	热带雨林、季雨林	季雨林常绿阔叶林	常绿阔叶林	常绿与落叶阔叶林	针阔叶林、森林草原	针阔叶混交林	针叶林

寒温带落叶针叶林

温带针阔叶混交林

暖温带落叶阔叶林

北亚热带常绿阔叶、落叶阔叶混交林

图4–1

中亚热带常绿阔叶林

南亚热带半常绿季雨林

热带季雨林

热带雨林

图4–2

3. 典型景观（图4-3，图4-4）

4. 代表景点（图4-5，图4-6）

5. 本类型调查要则及业态方向

（1）调查关注

①区域环境（地理区域、水热条件）。

②林地性质与类型（天然林、次生林、人工林；纯林、杂交林；针叶林、阔叶林、混交林；珍稀林木种类）。

③林地基础数据（范围、面积、珍稀树种、总株数、郁闭度、林龄、林相、林冠高度、树干平均胸径、最大胸径、负氧离子含量）。

④林地结构与分布：林下和林中动植物（草本植物、蕨类、苔藓、藤本植物、菌类；鸟类、兽类、爬行类、两栖类、昆虫类）。

图4-3　吊罗山热带森林

图4-4　老周山橡胶林

图4-5　东寨港红树林

图4-6　老周山竹林

⑤林业生产（内容、形式、规模、效益）。

（2）适宜旅游业态形式

森林、观光、康养度假、研学、科考探险等。

二、CAB独树与丛树

1. 类型说明

单株或生长在一起的小片树林组成的植物群体。

2. 特性指征

主要是生长在一起的小片簇状树木组成的植物群体和种类独特或形态特异的单个树木，一般一片丛树和单个树木可以各自构成一个单体，但有时某地有很多同一种类、同一背景的独树，如果其中没有特别突出的，可将它们按照集合型单体处理。

2001年，全国绿化委员会、国家林业局发布制定了《全国古树名木普查建档技术规定》，这个规定，将古树名木定义为“一般指在人类历史过程中保存下来的年代久远或具有重要科研、历史、文化价值的树木。古树指树龄在100年以上的树木；名木指在历史上或社会上有重大影响的中外历史名人、领袖人物所植或者具有极其重要的历史、文化价值、纪念意义的树木。成片生长的大面积古树，划定‘古树群’。古树名木的分级及标准为：古树分为国家一级、二级、三级，国家一级古树树龄500年以上，国家二级古树树龄300～499年，国家三级古树树龄100～299年。国家级名木不受年龄限制，不分级”。这里说的“古树名木”，基本上就是标准中规定的独树基本类型。

3. 典型景观（图4-7，图4-8）

4. 代表景点（图4-9，图4-10）

图4-7 白沙大叶榕

图4-8 白蜡树

图4-9 百年“芒果王”树

图4-10 战家庄银杏

5. 本类型调查要则及业态方向

（1）调查关注

①树种 无把握识别的树种，要采集叶、花、果或小枝作标本，随后鉴定。

②树龄 分三种情况，凡是有文献、史料及传说有据的可视作“真实年龄”；有传说，无据可依的视作“传说年龄”“估测年龄”。

③树高 用测高器或米尺实测，记至整数。

④胸围（地围） 乔木量测胸围，灌木、藤本量测地围，记至整数。

⑤冠幅 分“东西”和“南北”两个方向量测，以树冠垂直投影确定冠幅宽度，计算平均数，记至整数。

⑥生长势，分五级 枝繁叶茂，生长正常为“旺盛”；无自然枯损、枯梢，但生长渐趋停滞状为“一般”；自然枯梢，树体残缺、腐损，长势低下为“较差”；主梢及整体大部枯死、空干、根腐、少量活枝为“濒死”；已死亡的直接填写。

⑦树木特殊状况描述 包括奇特、怪异性状描述，如树体连生、基部分杈、雷击断梢、根干腐等。如有严重病虫害，简要描述种类及发病状况。

⑧立地条件 坡向分东、西、南、北、东南、东北、西南、西北，平地不填；坡位分坡顶、上、中、下部等；坡度应实测；土壤名称填至土类；紧密度分“极紧密”“紧密”“中等”“较疏松”“疏松”五等填写。

⑨传说记载 简明记载群众中和历史上流传的对该树各种故事，以及与其有关的名人轶事和奇特怪异性状的传说等。

（2）适宜旅游业态形式

森林、观光、文化等。

三、CAC草地

1. 类型说明

以多年生草本植物或小半灌木组成的植物群落构成的地区。

2. 特性指征

草地有很多类型，按照草地植物群落特征划分为草原（草甸草原、典型草原、荒漠草原、高寒草原）、稀疏草原、草甸（典型草甸、沼泽化草甸、盐生草甸）、草本沼泽、灌草丛（温性灌草丛、暖性灌草丛）、荒漠（灌木荒漠、半灌木、小半灌木荒漠、垫状小半灌木荒漠）等（中国资源科学百科全书）。草地泛指意义是草原，二者经常是同义词，指的是生长有草本植物或具有一定灌木植被的土地（陈佐忠，2004年）。

3. 典型景观（图4-11，图4-12）

4. 代表景点（图4-13，图4-14）

5. 本类型调查要则及业态方向

（1）调查关注

在旅游资源调查时，由于各地自然环境的差异很大，有许多草地类型具有交叉性质，要根据每一次草原单体的个性要素，如所处部位、面积、周围环境、植物种类、生长状况等特征值，记

图4-11　草地欣赏

图4-12　五台山草地

图4-13　东猴顶草地

图4-14　乌兰布统草原

述它们的景观特征。

①草地环境，所处部位，草地范围。

②草地植被类型及组成分布规律、草地优势植物种类、草地覆盖度、草层高度。

③草地形成条件（气温、植物生长期、积温、降水量、草地天然类型、基质、质地和土壤养分、草地地貌类型、海拔、坡向、坡度）。

④草地产草量，草地负载，草地利用特性与利用现状。

⑤草地保护，草地灾害，草地建设等。

对草地资源的调查，按照调查的目的和内容的不同，分为普通调查和专项调查；按照调查的精度，分为大比例尺、中比例尺、小比例尺调查；按照调查形式，分为概查和详查；按照调查手段，分为常规调查和遥感调查。

（2）适宜旅游业态形式

观光、康养度假、娱乐、研学、科考探险、体育、赛事等。

四、CAD花卉地

1. 类型说明

一种或多种花卉组成的群体。

2. 特性指征

花卉地指在草地、灌木和小乔木地域内成片生长的，花色、花形具有观赏价值的花卉生长地域。这里说的花卉地，指的是露地花卉地，花卉是在自然条件下，完成全部生长的过程。花卉包括有观赏价值的草本植物、木本的地被植物、花灌木、开花乔木等。花卉地包含草地上的花卉群体和生长在灌木林、乔木林中的林间花卉群体（表4-4）。

表4-4　花卉类型

分类标准	名称
形态特征	草本花卉、木本花卉、肉质（多肉）花卉
生长习性	一年生草本花卉、二年生草本花卉、多年生草本花卉（宿根类花卉）、球根花卉、木本花卉、肉质（多肉）花卉、水生花卉
生物特征	水生花卉、旱生花卉、润土类花卉、长日照、短日照和日中性花卉、耐寒性和喜温性花卉、喜阴性和耐阴性花卉
栽培性质	温室花卉、露地花卉
观赏	观花花卉、观叶花卉、观茎花卉、观果花卉、芬芳花卉

3. 典型景观（图4-15，图4-16）

4. 代表景点（图4-17，图4-18）

图4-15 都山花卉地

图4-16 花卉地欣赏

图4-17 官场杜鹃花

图4-18 祖山花海

5. 本类型调查要则及业态方向

（1）调查关注

①面积。

②花卉的类型与种类。

③花卉的特征（开花时节、花期）。

④花卉的生态习性。

⑤花卉保护措施。

（2）适宜旅游业态形式

成景与构景、造景、游览观赏。

观光、森林、康养度假、研学等。

第二节　CB野生动物栖息地

一、CBA水生动物栖息地

1. 类型说明

一种或多种水生动物常年或季节性栖息的地方。

2. 特性指征

水生动物包括海水动物和淡水动物。水草和大型的藻类是许多动物的天然栖所。水草还是许多动物（软体动物、昆虫、鱼类）产卵的地方，也是许多动物的幼体活动、取食、逃避敌害的地方。在海洋中，有海藻形成的“水系森林”为多种多样的动物提供了取食和活动的场所。珊瑚礁可以说是海洋动物最理想的栖息地。

3. 典型景观（图4-19，图4-20）

4. 代表景点（图4-21，图4-22）

图4-19　南京长江江豚保护地

图4-20　角尾珊瑚保护地

图4-21　南澎列岛周边海域

图4-22　长江中华鲟保护地

5. 本类型调查要则及业态方向

（1）调查关注

①范围。

②动物种类。

③动物习性。

④栖息地环境、栖息地的性质和类型。

（2）适宜旅游业态形式

观光、研学、海洋、滨海、科考探险等。

二、CBB陆地动物栖息地

1. 类型说明

一种或多种陆地野生哺乳动物、两栖动物、爬行动物等常年或季节性栖息的地方。

2. 特性指征

陆地动物栖息地的范围很广泛，除居于洞穴和土壤中的动物外，植物是形成各类栖所的主要因素。植物为动物提供栖息、活动、觅食、隐蔽和繁殖的处所。森林的树冠是各种猿猴和鸟类的理想栖所。树干则是许多鸟类和小型哺乳动物营巢的地方。腐烂的原木，地面的枯枝落叶层，都是一些小动物赖以生存的栖所。高草丛则是狮子等猎食兽隐蔽自己，接近猎物的有利地点。一种动物也可以成为另一种动物的栖所。动物的很多共栖、互利和寄生现象就属于这方面的例子。

3. 典型景观（图4-23，图4-24）

4. 代表景点（图4-25，图4-26）

5. 本类型调查要则及业态方向

（1）调查关注

在进行旅游资源调查时，对于这些野生动物栖息地，可根据它们栖息地的性质和类型，以及

图4-23 海南大田坡鹿保护地

图4-24 可可西里藏羚羊栖息地

图4-25 普达措血雉羚栖息地

图4-26 黄龙大熊猫栖息地

栖息地野生动物本身的生物学特征和生活习性进行调查记录。

（2）适宜旅游业态形式

观光、研学、森林、科考探险等。

三、CBC鸟类栖息地

1. 类型说明

一种或多种鸟类常年或季节性栖息的地方。

2. 特性指征

鸟类栖息地分布很广泛，我国绝大部分湿地类自然保护区为鸟类提供了安全的环境和充足的食物，成为鸟类聚集和候鸟栖息的良好场所，其中有不少保护区成为特殊鸟类的栖息地。

3. 典型景观（图4-27，图4-28）

4. 代表景点（图4-29，图4-30）

5. 本类型调查要则及业态方向

（1）调查关注

①栖息地环境：水域、沼泽、林灌、草原、开阔地、平原等。

②种类：走禽类、鸣禽类、游禽类、涉禽类、攀禽类、猛禽类、鸠鸽类、鹑鸡类。

③形体：特征、大小、翼宽等。

④羽毛：类型（体羽、绒羽、尾羽、翼羽）、颜色等。

⑤飞行方式：滑翔、翱翔、盘旋。

⑥繁殖与育雏方式等。

（2）适宜旅游业态形式

观光、研学、森林、科考探险、海洋、滨海等。

图4-27　澄迈鹭鸟天堂

图4-28　天鹅栖息地

图4-29　北戴河湿地鸟类栖息地

图4-30　南澳乌屿鸟类栖息地

四、CBD蝶类栖息地

1. 类型说明

一种或多种蝶类常年或季节性栖息的地方。

2. 特性指征

蝶类栖息地处在花间草丛林中，无论何处，只要有多样的地域环境，四季分明、气候温和湿润，以及有保存完好且种类丰富的植物资源的地方都可成为蝶类的聚集地。

3. 典型景观（图4-31，图4-32）

4. 代表景点（图4-33，图4-34）

5. 本类型调查要则及业态方向

（1）调查关注

①面积。

②蝶类种数、蝶类总个体数。

③栖居时间。

④周围环境特征。

（2）适宜旅游业态形式

观光、研学、森林、科考探险等。

图4-31　蝶类栖息地

图4-32　三亚蝴蝶谷

图4-33　云南蝴蝶泉景区

图4-34　珠海市荷包岛蝶类栖息地

应用学习任务

本章小结

本章重点阐述了生物景观类旅游资源各个基本类型的基础理论知识，在此基础上，详细介绍了每个基本类型在调查时的重点关注内容及其与旅游活动相适宜的要点。通过本章的学习，使学生能够发现并掌握每个基本类型的特点与规律，并能最终结合各种具体的实地旅游景观，顺利完成旅游资源调查笔记的填写，胜任旅游资源普查的工作，从而可以更好地开发利用生物景观类旅游资源。

思考题

1. 举例说明林地旅游资源的旅游功能。
2. 具体说明独树与丛树在调查时应关注哪些内容?
3. 试述草地的特性指征。
4. 比较草场花卉地与林间花卉地的异同点。
5. 根据下图（图4-35至图4-38）所示的旅游资源判断其所属的基本类型。

图4-35

图4-36

图4-37

图4-38

案例应用（讨论题）

调查你所在的市（县）的生物景观类旅游资源并对调查结果进行讨论。

技能实践

表4-5　旅游资源调查笔记

调查时间	
调查地点	
参加人员	
调查主持	
记录人	
调查关注描述：	
适宜旅游业态形式记述：	

表4-6　生物景观类旅游资源调查名录

亚类	基本类型	实地调查旅游资源单体名称
CA植被景观	CAA林地	
	CAB独树与丛树	
	CAC草地	
	CAD花卉地	
CB野生动物栖息地	CBA水生动物栖息地	
	CBB陆地动物栖息地	
	CBC鸟类栖息地	
	CBD蝶类栖息地	

第五章 天象与气候景观旅游资源

学习目标

通过本章节的学习，使学生掌握天象与气候景观类旅游资源各个基本类型的涵义，理解各个基本类型的特性指征，熟悉与基本类型对应的典型景观表现，了解各基本类型有哪些代表景点，能够在实地调查时准确判断旅游资源单体类型，并清楚每个基本类型在调查时应关注的内容及其适宜旅游活动的要点。

旅游管理实践中的困境

气象景观的形成大都依赖于多种自然条件的特殊组合，并随着这些条件的变化而变化甚至消失，所以气象景观一般只出现在一定地域中特定而较短的时间内，同时具有季节性和地带性。如果作为旅游产品开发，常常要与其他旅游资源相组合，如舒适的气候，虽然有利于休息、疗养，但要建立度假村、疗养院，还必须要有山水风光、树木花草等优美的环境条件。

由于很多人不了解天象与气候景观的这些特点，不能准确判断哪些景观属于旅游资源，往往忽略了很多潜在的、有价值的旅游资源。也因此错过了很多由独特的天象与气候要素造就的奇异自然景观。

知识导读

大气圈指地球表面上大气对流层的范围，大气中的气态物质和所包含的部分液态水和固体颗粒，以及由于对流层各要素同地面和水面接触造成而受到下垫面的影响，造成各种特异现象，成为天象与气候类旅游资源的源泉。

天象与气候景观是天文现象与天气变化的时空表现，包括天象景观和天气与气候现象。天象景观包括太空景象观赏地和地表光现象；天气与气候现象包括云雾多发区、极端与特殊气候显示地和物候景象等。这些都是自然界天然存在的客观现象，将其作为旅游资源类型有的是依据它们的壮美景观，为开辟自然观光旅游提供条件；有的依据它们本身的性质，为开展休闲度假旅游提供资料。

第一节 DA天象景观

一、DAA太空景象观赏地

1. 类型说明

观察各种日、月、星辰、极光等太空现象的地方。

2. 特性指征

一般位于海拔较高或较为空旷的地方。这些地方需要有一个空旷场地，通视条件好，还要有相应的观赏设施和服务设施。

3. 典型景观（图5-1，图5-2）

4. 代表景点（图5-3，图5-4）

图5-1 日出

图5-2 日落

图5-3 北戴河鸽子窝日出

图5-4 海尾湿地观日出

5. 本类型调查要则及业态方向

（1）调查关注

①观察位置；②周围环境；③适宜观察时间：④形态清晰度；⑤观察过程的动态变化。

这些都是自然界天然存在的客观现象，将其作为旅游资源类型有的是依据它们的壮美景观，为开辟自然观光旅游提供条件；有的依据它们本身的性质，为开展休闲度假旅游提供资料。

（2）适宜旅游业态形式

研学、科考探险、观光、康养度假等。

二、DAB地表光现象

1. 类型说明

发生在地面上的天然或人工光现象。

2. 特性指征

地表光现象主要是观赏彩虹、佛光、海市蜃楼等光现象的地方。彩虹最常在下午，雨后刚转天晴时出现，还有瀑布附近。佛光常出现在有云雾萦绕的山峰高岭。海市蜃楼现象多发地是海面和荒漠地区，光折射易造成楼台、城郭、树木等虚幻景象的地方。

3. 典型景观（图5-5，图5-6）

4. 代表景点（图5-7，图5-8）

图5-5 海市蜃楼

图5-6 彩虹

图5-7 峨眉山佛光

图5-8 蓬莱仙境海市蜃楼

5. 本类型调查要则及业态方向

（1）调查关注

①发生位置；②周围环境；③适宜观察时间；④形态及清晰度；⑤持续时间。

（2）适宜旅游业态形式

研学、科考探险、观光等。

第二节 DB天气与气候现象

一、DBA云雾多发区

1. 类型说明

云雾及雾凇、雨凇出现频率较高的地方。

2. 特性指征

云雾是水汽在大气中的凝结现象，悬在高空中的称云，漂浮于近地面的称雾。雨凇一般发生在初冬，气温较高的雪花飘落到地面或树木上化成水。雾凇是一种附着在树枝、电线上的不透明冰层。

3. 典型景观（图5-9～图5-12）

4. 代表景点（图5-13～图5-16）

图5-9 东猴顶云雾

图5-10 鹦哥嘴云雾

图5-11　树挂

图5-12　雪松

图5-13　江西三清山云雾

图5-14　盘江云雾

图5-15　白石山树挂

图5-16　阿尔山雾凇

5. 本类型调查要则及业态方向

（1）调查关注

①多发时段；②持续时间；③范围；④形态及其变化。

观察云雾的最佳场所是在中高山的上部和顶部，在那里观察脚下的云雾变幻最有意趣。因为云底高度的限制，在那里主要是观察低云和某些高层云。至于高云，观察地都是在高海拔地区，调查时可将那些地形开阔，能够观察到山峰全貌的地方辟为观察地点。

（2）适宜旅游业态形式

观光、森林、研学、科考探险、康养度假等。

二、DBB极端与特殊气候显示地

1. 类型说明

易出现极端与特殊气候的地区或地点，如风区、雨区、热区、寒区、旱区等典型地点。

2. 特性指征

极端与特殊气候是指天气（气候）的状态严重偏离其平均态。

3. 典型景观（图5-17，图5-18）

4. 代表景点（图5-19，图5-20）

5. 本类型调查要则及业态方向

（1）调查关注

①气候类型；②环境与景观特点；③持续时间。

图5-17　北极地区

图5-18　内蒙古辉腾锡勒（风区）

图5-19　黑龙江漠河（极寒冷的地方）

图5-20　吐鲁番盆地（极干旱地区）

（2）适宜旅游业态形式

研学、科考探险、观光等。

三、DBC物候景象

1. 类型说明

各种植物的发芽、展叶、开花、结实、叶变色、落叶等季变现象。

2. 特性指征

物候指生物的生命活动对季节变化的反应现象，也指自然界非生物变化。物候现象有许多规律可循（表5-1），是一种气象气候类旅游资源。

表5-1 植物物候现象六个时期

时期	说明
芽萌动期	乔木、灌木的芽开始出露、变色的膨大期和开放期
展叶期	叶片植株开始出现一两片小叶，针叶植株出现幼针叶的开始展叶期，以及叶片植株的小叶布满枝条，针叶植株的针叶长度伸长到老叶长度一半时的展叶盛期
开花期	花蕾或花序出现期、开花始期、开花盛期、第二次开花期、二次梢开花期和三次梢开花期
果熟期	果实成熟期、果实脱落开始期、果实脱落末期
叶秋季变色期	树上叶子开始变黄的开始变色期，所有叶子全部变色的全部变色期
落叶期	叶子变黄后微风吹掉叶子时的开始落叶期，全部或绝大部分叶子被吹落时的落叶末期

3. 典型景观（图5-21～图5-24）

4. 代表景点（图5-25，图5-26）

5. 本类型调查要则及业态方向

（1）调查关注

①观测地状况（地理位置、环境特征）；②观测期限；③观测对象的变化过程。

物候作为旅游资源所进行的调查，不是一次行为所能完成的，这主要依据较长期的规范化调查资料。物候观测要选定常年观测点，详细记录下这些观测点的位置、名称、地形（平地、坡地、凹地、山地）等资料；观测时间最好每天进行，最多也要隔天一次。

（2）适宜旅游业态形式

观光、森林、乡村、康养度假、研学等。

图5-21　开花

图5-22　结果

图5-23　枫叶变红

图5-24　官场梨花

图5-25　盐池杏花

图5-26　银杏落叶

应用学习任务

本章小结

本章重点阐述了天象与气候景观类旅游资源各个基本类型的基础理论知识，在此基础上，详细介绍了每个基本类型在调查时的重点关注内容及其与旅游活动相适宜的要点。通过本章的学习，使学生能够发现并掌握每个基本类型的特点与规律，并能最终结合各种具体的实地旅游景观，顺利完成旅游资源调查笔记的填写，胜任旅游资源普查的工作，从而可以更好地开发利用天象与气候景观类旅游资源。

思考题

1. 天象景观类旅游资源的基本类型主要有哪些？简述将其作为旅游资源类型的依据。
2. 天气与气候现象类旅游资源主要包括哪些基本类型？举例说明各类资源在我国的分布状况。
3. 简述物候景象调查时的关注内容及调查特点。
4. 根据图5-27～图5-30所示的旅游资源判断其所属的基本类型。

图5-27

图5-28

图5-29

图5-30

案例应用（讨论题）

调查你所在的市（县）的天象与气候景观类旅游资源并对调查结果进行讨论。

技能实践

表5-2　旅游资源调查笔记

调查时间	
调查地点	
参加人员	
调查主持	
记录人	
调查关注描述：	
适宜旅游业态形式记述：	

表5-3　天象与气候景观类旅游资源调查名录

亚类	基本类型	实地调查旅游资源单体名称
DA天象景观	DAA太空景象观赏地	
	DAB地表光现象	
DB天气与气候现象	DBA云雾多发区	
	DBB极端与特殊气候显示地	
	DBC物候景象	

第六章
建筑与设施旅游资源

第一节　EA人文景观综合体
第二节　EB实用建筑与核心设施
第三节　EC景观与小品建筑

学习目标

通过本章节的学习，使学生掌握建筑与设施类旅游资源各个基本类型的涵义，理解各个基本类型的特性指征，熟悉与基本类型对应的典型景观表现，了解各基本类型的代表景点，能够在实地调查时准确判断旅游资源单体类型，并清楚每个基本类型在调查时应关注的内容及其适宜旅游活动的要点。

旅游管理实践中的困境

建筑与设施与人们的生产、生活或其他活动联系紧密，在日常生活中很常见，建筑是承载历史文化、宗教文化、民族文化、文学艺术等其他文化旅游资源的重要物质载体，此类旅游资源类型数量也较多，如在许多人文区域，有非常吸引人的景观单体，或者某些人文旅游区域，在有吸引人的景观单体以外的区段，那里诸多普通的人文要素，组合在一起时却具有了一种和谐、生动的景观现象，这样的区段就属于一种独立的旅游资源。

但是，由于很多人缺乏相关理论知识，不能准确判断哪些建筑或设施属于旅游资源，往往忽略了很多潜在的、有价值的旅游资源。事实上这样的情况在现实中是大量存在的，这对当地旅游资源开发来说无疑是一大弊端，也不利于了解和认识各个地区各个历史时期人们的社会活动、意识形态以及物质生活和精神生活的状况。

知识导读

建筑是人类为居住和开展活动而建造的场所，建筑学用来研究这些场所及其环境，是一门横跨工程技术和人文艺术的学科。建筑学将建筑技术和建筑艺术有机结合，使得建筑形象具有文化价值和审美价值，体现出民族性和时代感。建筑学主要研究领域包括建筑历史、建筑设计、建筑艺术、建筑美学、建筑构造等，涉及学科很多，主要有建筑材料学、建筑力学、建筑结构学、岩土力学、水力学、结构工程学等。建筑学研究在城市规划、园林景观设计、市政工程、环境工程、交通工程学、防灾工程学、水利工程等方面发挥主要作用。

建筑按其功能性质，分为生产建筑、纪念性建筑、住宅建筑、宗教建筑、宫殿陵墓建筑、园林建筑等类型；按其用途，分为生产性建筑、非生产性建筑；按其建筑时代，分为古代建筑、近现代建筑等。

在这些不同功能、不同用途、不同时代的建筑中，可以构成旅游资源的为数很多，为简便起见，这里按其不同时代为依据，同时考虑其不同功能和用途，将各类建筑划分为两类：近现代建筑和古代建筑。

近现代建筑由于所使用的建筑材料和建筑技术的进步，以及人们对建筑的需求面扩大，使得这些建筑具有了以下性质和特点。

其一，科技含量增加，建筑工艺大大提高。中国古代建筑技术和社会分工比较单纯，由于建筑以木结构为主，往往是由土木工匠根据主人的要求，按照师徒相传的成规，营造建筑。近现代建筑则除了木材以外，更多的使用砖、水泥、钢筋、石灰、玻璃、铝合金、瓷砖、涂料等材料，为建造大体量的牢固建筑物提供了条件。这是建筑学及其相关学科的研究范围。不但如此，建筑学对建筑设计和建筑施工也极为重视，成为建筑学的核心研究分支。建筑设计是指设计一个建筑物或建筑群所要做的全部工作。这一工作涉及建筑结构学以及给排水、空气调节、燃气、电气、消防、自动化控制管理、声学、建筑光学、园林绿化等多方面的知识。这些工作都是在有关各技术工种协作之下进行的，还要从艺术上处理细部与整体的相互关系。

其二，类型众多，功能齐全。近现代建筑中，有生产性建筑、公用建筑和民用建筑，大致有以下几种：①各种工程设施如水利工程、能源工程、交通工程、农业开发工程、林业建设工程、环境建设工程等建筑，如道路、桥梁、水库观光区段、运河与渠道、灌区等构成的旅游资源基本类型；②各种生产企业如工厂、矿山、农业基地、牧场、林场、养殖场等建筑构成的旅游资源基本类型；③科学教育文化设施，如教学科研实验场所、文化活动场所、展示演示场所，历史纪念建筑等；④休憩娱乐健身场所，如康体游乐休闲度假地、交通建筑、体育健身场馆、歌舞游乐场馆、园林等建筑；⑤公共设施，如宗教与祭祀活动场所、社会与商贸活动场所，以及办公、街巷、社区、服务等建筑；⑥民居建筑。

其三，形象突出，近现代建筑由于运用了现代建筑学理念，使用了坚固的材料，可以建造出各种造型、各种体量的建筑物或建筑群体，成为一个区域的醒目或有个性的建筑景观。其中大体量的建筑工程如长江三峡、小浪底等水利枢纽工程、大庆石油化工厂、宝山钢铁公司、山西平朔露天煤矿等厂矿、东方明珠广播电视塔、无锡灵山大佛、长江大桥、青藏铁路等，至于在造型、色彩、功能上具有个性的建筑物更是多见，如北京世纪坛、甘肃兰州“黄河母亲”雕塑、陕西历史博物馆等。这些建筑物成为吸引人的旅游资源。

古代建筑指的是历史时期的建筑。在远古时期，人们掘地为屋，至今在一些石器时代遗址中，还保留着地穴和半地穴。后来的几千年中，人们借助土材、木材、砖石，便在地上建造了各种类型的建筑，主要可以分为以下几类（表6-1）。

表6-1　中国古建筑主要类型

类别	主要特征
居住建筑	帝王宫殿、官府衙署、贡院、邮铺、驿站、公馆、军营、仓库等
礼制建筑	坛殿、坛庙、太庙、家庙、陵庙、圣贤庙等
宗教建筑	佛教寺院、道教宫观、基督教教堂、清真寺等
商业与手工业建筑	商铺、会馆、旅店、酒楼、作坊、水磨坊、造船厂等
教育、文化、娱乐建筑	官学、书院、观象台、藏书楼、文会馆、戏台、戏场等
园林与风景建筑	皇家园林、衙署园圃、寺庙园以及景区景点内的楼、馆、亭、台等
市政建筑	鼓楼、钟楼、望火楼、路亭、桥梁、养济院、公墓等
标志建筑	城垣、城楼、窝铺、串楼、墩台等

建筑学研究对象为旅游资源提供了很多有价值的资料，其中有大量建筑单体都可成为旅游资源单体，调查时可以按照建筑学提供的内容和方法进行。

建筑是建筑物和构筑物的总称。建筑物一般指主要供人们进行生产、生活或其他活动的房屋或场所，如工业建筑、农业建筑、宗教建筑、园林建筑、乡土建筑等；构筑物一般指不直接在内生产和生活活动的建筑物，如佛塔、石窟、牌坊、桥、运河等。设施是生活和生产所需要的设备，如构成建筑中的物件。由这些建筑和设施所构成的旅游资源类型和数量很多，是旅游开发的主要门类。

第一节　EA人文景观综合体

一、EAA社会与商贸活动场所

1. 类型说明

进行社会交往活动、商业贸易活动的场所。

2. 特性指征

社会与商贸活动场所是商业主体和客体双方共同参与活动的场所。主体和客体双方围绕着商品互相询问、互相试探、互相了解、互相协商等。

3. 典型景观（图6-1，图6-2）

4. 代表景点（图6-3，图6-4）

5. 本类型调查要则及业态方向

（1）调查关注

①空间位置；②规模（占地面积）；③建筑造型；④活动内容（活动项目）；⑤参与人数。

（2）适宜旅游业态形式

购物、会议会展、节庆、农业、工业等。

图6-1　万达广场购物地

图6-2　惠州会展中心

图6-3　新发地国际农产品会展中心

图6-4　秦皇岛牛头崖大集

二、EAB军事遗址与古战场

1. 类型说明

古时用于战事的场所、建筑物和设施遗存。

2. 特性指征

重大军事战役，以及相关联的军事事件、人物、传说和战场遗址，是人们缅怀历史、抒发思古情怀的重要载体，因而对旅游者有巨大的吸引力。

3. 典型景观（图6-5，图6-6）

4. 代表景点（图6-7，图6-8）

5. 本类型调查要则及业态方向

（1）调查关注

①军事活动和战事的意义；②遗留兵器数量及种类；③军事建筑数量、规模；④遗址规模；⑤遗址保存完整度。

（2）适宜旅游业态形式

军事、红色、文化、研学、观光等。

图6-5　黄泥沟兵营

图6-6　秦皇岛八国联军营盘旧址

图6-7　傍水崖古战场

图6-8　359旅窑洞遗址

三、EAC教学科研实验场所

1. 类型说明

各类学校和教育单位、开展科学研究的机构和从事工程技术试验场所的观光、研究、实习的地方。

2. 特性指征

能够向人们展示高科技成果，有些高等学府，不仅有优美的校园、古老的建筑，更由于其具有深厚的文化底蕴和浓郁的学术氛围吸引了无数莘莘学子慕名前来参观游览，由此形成大学校园旅游热潮。

3. 典型景观（图6-9，图6-10）

4. 代表景点（图6-11，图6-12）

5. 本类型调查要则及业态方向

（1）调查关注

①建造时间和用途；②建筑风格（如外观有异常明显象形特征）；③建筑结构；④建筑规模。

（2）适宜旅游业态形式

研学、观光、文化、红色等。

图6-9　军事科学教育VR基地

图6-10　燕山大学科技园

图6-11　文昌航天科普中心

图6-12　中国科学院电工研究所

四、EAD建设工程与生产地

1. 类型说明

经济开发工程和实体单位，如工厂、农田、牧场、林场、茶园、养殖场、加工企业以及各类生产部门的生产区域和生产线。

2. 特性指征

建设工程项目，为完成依法立项的新建、改建、扩建的各类工程（土木工程、建筑工程及安装工程等）而进行的、有起止日期的、达到规定要求的一组相互关联的受控活动组成的特定过程，包括策划、勘察、设计、采购、施工、试运行、竣工验收和移交等。

产地，某种物品的生产、出产或制造的地点。常指某种物品的主要生产地；农业生产基地就是在全国或地区农产品经济中，占有较重地位，并能长期稳定地向区内外提供大量农产品的集中生产地区，如粮食、油料、糖料、蔬菜、牧业、渔业等各种生产基地。

能源矿场多数可以成为生产地型旅游资源，是开发生态旅游、科教旅游、观光旅游等旅游产品的良好旅游资源。能源资源包括常规能源和新能源，常规能源如煤炭、石油、天然气、水能和核裂变能、生物质能等；新能源有太阳能、风能、潮汐能、地热能、海洋能、氢能、核聚变能等。

3. 典型景观（图6-13，图6-14）

4. 代表景点（图6-15，图6-16）

5. 本类型调查要则及业态方向

（1）调查关注

①规模（占地面积）；②类型；③生产方式；④产量。

（2）适宜旅游业态形式

观光、研学、购物、美食、乡村、农业等。

图6-13　千年古盐田

图6-14　夏都菌业生态园

图6-15　莺歌海盐场

图6-16　春光椰子食品加工厂

五、EAE文化活动场所

1. 类型说明

进行文化活动、展览、科学技术普及的场所。

2. 特性指征

提升公共文化服务效能，丰富居民群众的精神文化生活。

3. 典型景观（图6-17，图6-18）

4. 代表景点（图6-19，图6-20）

图6-17　文澜文化公园

图6-18　秦皇岛电力博物馆

图6-19　宁夏哈巴湖博物馆

图6-20　中国（海南）南海博物馆

5. 本类型调查要则及业态方向

（1）调查关注

①规模（占地面积、高度）；②建筑造型与布局；③活动内容；④文化与科学展品种类、数量；⑤展示或演示形式。

（2）适宜旅游业态形式

文化、研学、观光、红色、乡村、农业等。

六、EAF康体游乐休闲度假地

1. 类型说明

这是具有康乐、健身、休闲、疗养、度假条件的地方。

2. 特性指征

具有完善游憩配套设施的场所。

3. 典型景观（图6-21，图6-22）

4. 代表景点（图6-23，图6-24）

图6-21　蓬莱康体游乐地

图6-22　博鳌超级医院

图6-23　碧桂园金沙滩温泉酒店

图6-24　蓬莱文成城堡

5. 本类型调查要则及业态方向

（1）调查关注

①规模、类型；②服务设施状况；③环境特征；④服务人数；⑤年游览人次。

（2）适宜旅游业态形式

康养度假、娱乐、文化、观光、美食、购物等。

七、EAG宗教与祭祀活动场所

1. 类型说明

进行宗教、祭祀、礼仪活动场所的地方。

2. 特性指征

寺庙道观宗祠坛庙中的一些单体，如果不能独立列入资源类型，便可将整体作为统一单体进行调查，或者选取场所中独立单体不显明的、景观良好的区域作为单体调查。古代建筑多以组合状态存在，其中特别是大型宫殿、坛庙、佛寺、道观等建筑群，经常运用建筑物、院落、围墙的组合手法处理，在布局和结构上形成特点。道教建筑布局都很灵活，自由谐和。但也有很多古建筑的布局和结构却有严格的要求，如皇宫建筑，要左祖右社，前朝后寝；建造一座单体房屋，中间为宽广的中堂间，成为家庭的活动中心，其他房屋要相对矮小，长辈住主房，晚辈住厢房，主次一定要分明。这反映出一种古代的礼制制度。除了整体布局和结构以外，我国的古建筑很注重建筑物的细部构造，善于装饰、彩画，加强艺术效果。如宫殿、坛庙、佛塔、幢的须弥座台基，大型建筑群的栏杆和踏道，建筑物内部的柱、梁、枋、檩、天花、藻井、卷棚、墙壁、门、窗等，其砖、木、石材都经常用雕刻和彩画手法装饰。

3. 典型景观（图6-25，图6-26）

4. 代表景点（图6-27，图6-28）

5. 本类型调查要则及业态方向

（1）调查关注

①基础数据（宗教场所类型、规模、形成历史、自然环境、主体建筑）；②区域状况（建筑布局、园林区域景观内容）；③宗教祭祀活动（内容、活动方式、活动时间等）；④相关人事。

（2）适宜旅游业态形式

宗教、民俗、文化、节庆、观光等。

图6-25　秦皇岛华严寺

图6-26　天后宫

图6-27　嘉积教堂

图6-28　南澳康氏宗祠

八、EAH交通运输场站

1. 类型说明

交通运输场站是用于运输通行的地面场站等。

2. 特性指征

运输场站，又称交通港站，是位于运输线路上的结点，是旅客和货物的集散地、各种运输工具的衔接点。主要包括铁路车站、汽车站、航空港和管道站等。

3. 典型景观（图6-29，图6-30）

4. 代表景点（图6-31，图6-32）

5. 本类型调查要则及业态方向

（1）调查关注

①规模（占地面积）；②建筑风貌（结构造型、建筑材料）；③类型功能；④配套设施；⑤年客流量、货物运输量。

（2）适宜旅游业态形式

观光、研学等。

图6-29　北戴河火车站

图6-30　成都双流机场

图6-31　北京火车站

图6-32　蓬莱长途汽车站

九、EAI纪念地与纪念活动场所

1. 类型说明

为纪念故人或开展各种宗教祭祀、礼仪活动的馆室或场地。

2. 特性指征

丰富多彩的祭祀文化的重要组成部分，反映广大民众奇异多彩的想象力和创造力，也包含他们的苦难与艰辛。

3. 典型景观（图6-33，图6-34）

4. 代表景点（图6-35，图6-36）

5. 本类型调查要则及业态方向

（1）调查关注

①始建年代、重修年代、重建年代；②建筑规模（层数、高度、占地面积、建筑面积、进数、开间）；③主体建筑布局与风貌、内部摆设与组成；④供奉祭拜对象（何种宗派）；⑤相关人物与事件；⑥周边环境。

（2）适宜旅游业态形式

文化、红色、军事、研学、观光、节庆等。

图6-33　昌化古庙

图6-34　盐池灵应山寺

图6-35　临高学宫

图6-36　蓬莱夏侯苏民纪念馆

第二节　EB实用建筑与核心设施

一、EBA特色街区

1. 类型说明

反映某一时代建筑风貌、或经营专门特色商品和商业服务的街道。

2. 特性指征

建造年代较为久远且风格特殊，或者以悠久的历史、博大精深的传统文化和丰富的商品、繁华的商业建筑而成为集购物、休闲、文化、娱乐、旅游、餐饮、商务、住宿为一体的综合性商业步行街。

3. 典型景观（图6-37，图6-38）

4. 代表景点（图6-39，图6-40）

5. 本类型调查要则及业态方向

（1）调查关注

①始建年代；②占地面积；③建筑风格；④商品与服务类型；⑤商品与服务特色。

（2）适宜旅游业态形式

文化、观光、民俗、节庆、美食等。

图6-37　哈尔滨中央大街

图6-38　南澳旅游商品购物街

图6-39　成都锦里

图6-40　文南骑楼老街

二、EBB特性屋舍

1. 类型说明

特性屋舍是具有观赏游览功能的房屋。

2. 特性指征

一般建筑材料或形态特殊或具有地方风格、历史色彩，对游客有吸引力，如传统与乡土建筑、名人故居与历史纪念建筑等。

3. 典型景观（图6-41～图6-44）

4. 代表景点（图6-45，图6-46）

5. 本类型调查要则及业态方向

（1）调查关注

①始建年代；②所处环境（地理位置、地域文化）；③建筑规模（占地面积、高度、进数、房间数量）；④建筑风貌（造型、结构、建筑材料）；⑤相关人事。

（2）适宜旅游业态形式

文化、观光、康养度假、会议会展、民俗等。

图6-41　蔡家宅

图6-42　南澳羊屿村

图6-43　秦皇岛史梦兰故居

图6-44　蓬莱寨里村老宅

图6-45　蓬莱海草房

图6-46　符家宅

三、EBC独立厅、室、馆

1. 类型说明

这类是具有观赏游览功能的景观建筑。

2. 特性指征

公众场合用于办公、会商、议事和其他公共事物所设的独立宽敞房舍，或家庭的会客厅室，即聚会接待厅堂（室），往往大气、宽敞、整洁，设施设备先进完善，但不同的国家或地区往往拥有其各自特色与民族风格，而且其结构、色彩、图案、花纹、装饰等方面极为讲究；为各类展出、演出、游乐活动开辟的有特色的馆室，根据功能需要进行建设，场馆因活动规模大小而异；历史上旅居异地的同乡人共同设立的，供同乡、同业聚会或寄居的会馆，会馆是旧时代科举制度和工商业活动的产物。明清时期，为方便进京参加科举考试人员的食宿，各省及有些府县纷纷在京设立了会馆，专门接待本乡本土的举子。另外，工商各行业为了维护自身的利益，协调关系，联络感情，也建立了一些行业会馆。

3. 典型景观（图6-47，图6-48）

4. 代表景点（图6-49，图6-50）

图6-47　人民大会堂

图6-48　湖广会馆

图6-49 北仍客厅

图6-50 亚洲论坛国际会议中心会址

5. 本类型调查要则及业态方向

（1）调查关注

①建造年代；②建筑规模（层数、高度、占地面积、建筑面积、进数、开间）；③建筑风貌（造型、结构、建筑材料、装饰物品）；④功能；⑤周边环境、相关配套服务设施；⑥相关人事。

（2）适宜旅游业态形式

文化、观光、康养度假、民俗、节庆等。

四、EBD独立场、所

1. 类型说明

这类是具有观赏游览功能的文化、体育场馆等空间场所。

2. 特性指征

文化场馆以举办各类文艺演出、展览活动为主要功能，在设计上风格独特、环境优雅、设备先进，设有各种国际化、现代化的服务设施，并有大小会议室及展览配套设施。同时，交通区位条件优越，周边配套建设有各档次宾馆、酒店；体育场馆是进行运动训练、运动竞赛及身体锻炼的专业性场所。它是为了满足运动训练、运动竞赛及大众体育消费需要而专门修建的各类运动场所的总称。体育场馆主要包括对社会公众开放并提供各类服务的体育场、体育馆、游泳馆，体育教学训练所需的田径棚、风雨操场、运动场及其他各类室内外场地、群众体育健身娱乐休闲活动所需的体育俱乐部、健身房、体操房和其他简易的健身娱乐场地等。主要分为在室外进行比赛训练的体育场和在室内进行比赛训练的体育馆。

3. 典型景观（图6-51，图6-52）

4. 代表景点（图6-53，图6-54）

5. 本类型调查要则及业态方向

（1）调查关注

①建筑背景与发展历史，建造年代；②建筑规模（层数、高度、占地面积、建筑面积、进

图6-51 琼台书院

图6-52 水立方

图6-53 东屿岛高尔夫球场

图6-54 国家大剧院

数、开间）；③建筑风貌（造型、结构、建筑材料、装饰物品）；④类型与功能；⑤主要知名赛事或活动的举办情况；⑥周边环境、相关配套服务设施。

（2）适宜旅游业态形式

文化、观光、康养度假、民俗、节庆等。

五、EBE桥梁

1. 类型说明

跨越河流、山谷、障碍物或其他交通线而修建的架空通道。

2. 特性指征

桥是一种用来跨越障碍的大型构造物。确切的说是用来将交通路线（如道路、铁路、水道等）或者其他设施（如管道、电缆等）跨越天然障碍（如河流、海峡、峡谷等）或人工障碍（高速公路、铁路线）的构造物。

3. 典型景观（图6-55～图6-58）

4. 代表景点（图6-59，图6-60）

图6-55 蓬莱水城的桥

图6-56 铺前大桥

图6-57 蓬莱战家桥

图6-58 太阳河大桥

图6-59 攻关桥

图6-60 南澳大桥

5. 本类型调查要则及业态方向

（1）调查关注

①用途；②桥身材料；③桥身结构与造型样式；④建造时间。

（2）适宜旅游业态形式

观光、文化等。

六、EBF渠道、运河段落

1. 类型说明

正在运行的人工开凿的水道段落。

2. 特性指征

运河和渠道作为水利工程的主要类型，从古代到近现代不断在建造、使用，发挥着重要的作用。目前，国家计划实施的南水北调水利工程建设正在顺利推进中。

3. 典型景观（图6-61，图6-62）

4. 代表景点（图6-63，图6-64）

图6-61　京密引水渠

图6-62　江苏宿迁段京杭大运河

图6-63　水渠

图6-64　京杭大运河杭州段

5. 本类型调查要则及业态方向

（1）调查关注

①建造时间；②规模（长度、宽度）；③结构、形态；④用途；⑤水利工程建设情况，如通航能力；⑥水质。

（2）适宜旅游业态形式

观光、文化等。

七、EBG堤坝段落

1. 类型说明

防水、挡水的构筑物段落。

2. 特性指征

堤坝是堤和坝的总称谓，也泛指防水拦水的建筑物和构筑物。堤多半是一边临水，一边是岸。通常怕水泛滥，在陆地上堆砌一条堤防水进犯。坝是人为堆起来挡水用的，它是受人控制的。堤和坝的区分方法是，堤防是顺着河岸，水不通过；水坝是横跨河流的。

3. 典型景观（图6-65，图6-66）

4. 代表景点（图6-67，图6-68）

图6-65 蓬莱堤坝

图6-66 水城防坡堤

图6-67 南方水库大坝

图6-68 戴河海口橡胶坝

5. 本类型调查要则及业态方向

（1）调查关注

①规模（高度、宽度）；②结构、形态；③用途；④防水、挡水能力（水量）。

（2）适宜旅游业态形式

观光、研学等。

八、EBH港口、渡口与码头

1. 类型说明

这类是位于江、河、湖、海沿岸进行航运、过渡、商贸、渔业活动的地方。

2. 特性指征

港口是具有水陆联运设备和条件，供船舶安全进出和停泊的运输枢纽。

渡口指的是道路越过河流以船渡方式衔接两岸交通的地点。

码头是海边、江河边专供轮船或渡船停泊，让乘客上下、货物装卸的建筑物。

3. 典型景观（图6-69，图6-70）

4. 代表景点（图6-71，图6-72）

图6-69　铺前渔港

图6-70　刘家旺渔港

图6-71　后海渔排渡口

图6-72　秦皇岛港

5. 本类型调查要则及业态方向

（1）调查关注

①位置；②占地面积；③停靠船只数量；④类型功能；⑤配套设施；⑥年旅客吞吐量、货物吞吐量。

（2）适宜旅游业态形式

观光等。

九、EBI洞窟

1. 类型说明

为居住、储物、防御、宗教文化等目的，由人工修筑于山体、地下及黄土地层的洞、窑、窟等。

2. 特性指征

人工修筑而成，依据所在地质条件，是人们在自然环境下的生活设施建筑，有着千百年的历史。小型为窑，中型为窑洞，大型为石窟。

3. 典型景观（图6-73，图6-74）

4. 代表景点（图6-75，图6-76）

图6-73　秦皇岛洞窟

图6-74　蓬莱酒窖

5. **本类型调查要则及业态方向**

（1）调查关注

①有无地下河，地下河道的线路走向、河床结构、水文状况等；②洞穴环境状况，如风、气温、生物现象等；③洞中奇异现象如暑天结冰、洞中生雾、洞壁回声等。

（2）适宜旅游业态形式

文化、研学、观光、科考探险等。

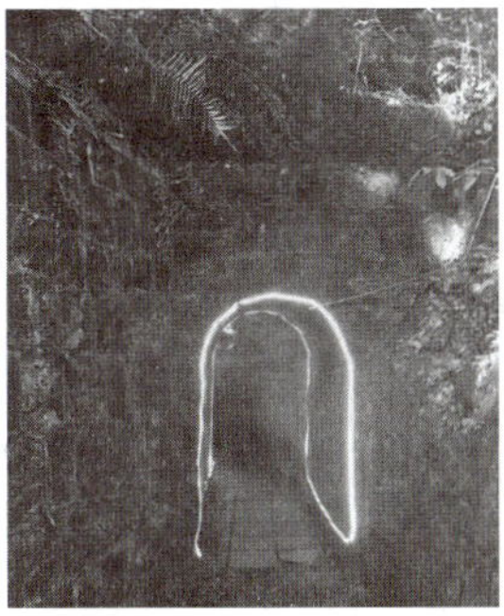

图6-75　后花园防空洞

图6-76　秦皇岛观音洞

十、EBJ陵墓

1. **类型说明**

帝王、诸侯陵寝及领袖先烈的坟墓。

2. **特性指征**

古代帝王和一些皇后的坟墓称为“陵”，包括附属建筑，合称为“陵寝”。到了近现代，除了少数功勋人物的坟墓也称为“陵”外，都称为“墓”。为纪念革命先烈和历史名人，他们的墓地，如果以园林的形式出现，现在称为“陵园”。古代建筑多以组合状态存在，其中特别是大型陵墓建筑群，经常运用建筑物、院落、围墙的组合手法处理，在布局和结构上形成特点。除了整体布局和结构以外，我国的古建筑很注重建筑物的细部构造，善于装饰、彩画，加强艺术效果。如大型建筑群的栏杆和踏道，建筑物内部的柱、梁、枋、檩、天花、藻井、卷棚、墙壁、门、窗等，其砖、木、石材都经常用雕刻和彩画手法装饰。

3. **典型景观（图6-77，图6-78）**

4. **代表景点（图6-79，图6-80）**

图6-77　宋庆墓

图6-78　南澳清戍台澎故兵墓

图6-79　海瑞祖墓

5. 本类型调查要则及业态方向

（1）调查关注

①占地面积；②布局和结构；③装饰；④随葬品；⑤周围环境。

（2）适宜旅游业态形式

文化、研学、宗教、民俗、观光等。

图6-80　云澳五烈士墓

十一、EBK景观农田

1. 类型说明

具有一定观赏游览功能的农田。

2. 特性指征

利用多彩多姿的农作物，通过设计与搭配，在较大的空间上形成美丽的景观，使得农业的生产性与审美性相结合，成为生产、生活、生态三者的有机结合体。景观农田还具备一定的生态功能，如农田生态安全维护、生物多样性保护、提高农田生产力、土地可持续利用、景观美化、体验休闲等。

3. 典型景观（图6-81，图6-82）

4. 代表景点（图6-83，图6-84）

5. 本类型调查要则及业态方向

（1）调查关注

①面积；②形态结构；③作物种类及分布。

（2）适宜旅游业态形式

观光、乡村、农业、购物、美食等。

图6-81　金坡村荷花基地

图6-82　蓬莱开心农场

图6-83　白沙绿茶园

图6-84　桥头地瓜原种苗基地

十二、EBL景观牧场

1. 类型说明

景观牧场具有一定观赏游览功能的牧场。

2. 特性指征

景观牧场包括草原牧场和海洋牧场。草原牧场指的是在草原上对牛羊等进行放养；海洋牧场是指在一定海域内，采用规模化渔业设施和系统化管理体制，利用自然的海洋生态环境，将人工放流的经济海洋生物聚集起来，像在陆地放牧牛羊一样，对鱼、虾、贝、藻等海洋资源进行有计划和有目的的海上放养，其主要目的是确保作为渔业生产基础的水产资源的稳定和持续增长。

3. 典型景观（图6-85，图6-86）

4. 代表景点（图6-87，图6-88）

图6-85　景观牧场

图6-86　高山牧场

图6-87　呼伦贝尔牧场

图6-88　文儒牧场

5. 本类型调查要则及业态方向

（1）调查关注

①面积、产量；②周围环境；③生物种类及分布。

（2）适宜旅游业态形式

观光、乡村、农业、购物、美食等。

十三、EBM景观林场

1. 类型说明

具有一定观赏、游览功能的林场。

2. 特性指征

在林区内依托森林风景资源，进行以旅游为主要目的的多种形式的野游活动。

3. 典型景观（图6-89，图6-90）

4. 代表景点（图6-91，图6-92）

5. 本类型调查要则及业态方向

（1）调查关注

①位置境域；②气候特征；③地形地貌；④林木种类及分布。

（2）适宜旅游业态形式

观光、乡村、农业、购物、美食等。

图6-89 青海北山林场

图6-90 秦皇岛鼎秀戴河生态林

图6-91 刘张家山林场

图6-92 塞罕坝人工林

十四、EBN景观养殖场

1. 类型说明

具有一定观赏、游览功能的养殖场。

2. 特性指征

养殖主体或养殖环境具有观赏性。

3. 典型景观（图6-93，图6-94）

4. 代表景点（图6-95，图6-96）

图6-93 养猪场

图6-94 东台梅花鹿养殖场

图6-95　澄迈福牛生产基地

图6-96　南澳金银岛养殖场

5. 本类型调查要则及业态方向

（1）调查关注

①养殖主体特点；②环境；③规模、产量。

（2）适宜旅游业态形式

观光、乡村、农业、购物、美食等。

十五、EBO特色店铺

1. 类型说明

具有一定观赏、游览功能的店铺。

2. 特性指征

建造年代久远，经营历史悠久，专门销售某类特色商品或经营的商品在同类产品中具有独特的个性。

3. 典型景观（图6-97，图6-98）

4. 代表景点（图6-99，图6-100）

图6-97　北京全聚德

图6-98　同仁堂

图6-99　瑞蚨祥绸缎庄

图6-100　山海关四条包子铺

5. 本类型调查要则及业态方向

（1）调查关注

①始建年代；②建筑规模（占地面积、高度、进数、房间数量）；③建筑风貌（造型、结构、建筑材料、装饰）；④商品类型与特点。

（2）适宜旅游业态形式

购物、观光、美食、民俗、节庆、文化等。

十六、EBP特色市场

1. 类型说明

具有一定观赏、游览功能的市场。

2. 特性指征

批发零售兼顾的特色商品供应场所，把货物的买主和卖主正式组织在一起进行交易的地方，在形成了一定的知名度后，成为旅游者喜爱的光顾之地。

3. 典型景观（图6-101，图6-102）

4. 代表景点（图6-103，图6-104）

图6-101　花卉市场

图6-102　潘家园古玩市场

图6-103　景德镇陶瓷市场

图6-104　水上市场

5. 本类型调查要则及业态方向

（1）调查关注

①规模（占地面积、日交易参与人数）；②商品类型；③商品种类；④商品特色；⑤交易方式。

（2）适宜旅游业态形式

购物、观光、美食、民俗、节庆、文化等。

第三节　EC景观与小品建筑

一、ECA形象标志物

1. 类型说明

能反映某处文化形象的标志物。

2. 特性指征

与地方文化相结合而产生，因旅游活动的性质和含义而被创造出来。

3. 典型景观（图6-105，图6-106）

4. 代表景点（图6-107，图6-108）

5. 本类型调查要则及业态方向

（1）调查关注

①形态；②寓意。

图6-105　盐池明长城遗址公园标志性建筑

图6-106　南澳黄花山西门

图6-107　盐池形象标志物

图6-108　猪哈哈的农场

（2）适宜旅游业态形式

观光、娱乐等。

二、ECB观景点

1. 类型说明

用于景观观赏的场所。

2. 特性指征

观景点是景点、景区为游客提供能够从各个方面来欣赏美景的观赏点，使游客在游览过程中能够取得最富有艺术情趣的视觉体验效果。游客在旅游线上行进时，视点是活动的，视觉界面是不断变化的，对同一景物，观赏的视距与景物高度的比例，从俯、仰、平视等不同的视角观览，会产生不同的观赏效果。因此，不同的观景点可以带来不同的游赏视距、视角，可以丰富游客对景观欣赏的体验。

3. 典型景观（图6-109，图6-110）

4. 代表景点（图6-111，图6-112）

图6-109　观音平台

图6-110　春日望海观景平台

图6-111　海南呀诺达观景平台

图6-112　展南亭

5. 本类型调查要则及业态方向

（1）调查关注

①空间位置分布；②建筑造型风格、材料与结构；③规模（占地面积）；④观赏范围（能全览景观）；⑤观赏方式。

（2）适宜旅游业态形式

观光、研学等。

三、ECC亭、台、楼、阁

1. 类型说明

供游客休息、乘凉或观景用的建筑。

2. 特性指征

亭一般为开敞性结构，没有围墙，顶部可分为六角、八角、圆形等多种形状。因为造型轻巧，选材不拘，布设灵活而被广泛应用在园林建筑之中。

台始筑于奴隶社会（如商纣的鹿台），指方形的高而平的建筑物。

楼是单层房屋的竖向叠加，指屋上直接建屋，上下两层之间没有腰檐，上下层都可使用。

阁是在高架的木构架平台上建屋，上下层之间除腰檐外还有平座，只是上层才是使用空间。外观轮廓、内部结构、装饰大多很讲究；楼内外空间渗透，整体开敞；各层有环廊和栏杆；屋面凹曲、屋角翘弯。

楼和阁在建筑形制上无多大差异，但两者使用功能不同：楼的用途极为广泛，按其功能可分为藏经楼、钟楼、鼓楼、观景楼、城楼、敌楼、戏楼、茶楼、酒楼等；而阁的用途主要为珍藏图书、佛经、佛像。

3. 典型景观（图6-113，图6-114）

4. 代表景点（图6-115，图6-116）

图6-113　秦皇岛高公亭

图6-114　蓬莱合海亭

图6-115　秦皇岛红山亭

5. 本类型调查要则及业态方向

（1）调查关注

①类型与功能；②规模（占地面积、层数、高度）；③形态、结构、建筑材料、装饰；④所在部位及周边环境；⑤建筑历史、文化内涵。

（2）适宜旅游业态形式

观光、康养度假、研学、娱乐等。

图6-116　山海关澄海楼

四、ECD书画作

1. 类型说明

具有一定知名度的书画作品。

2. 特性指征

书画是绘画和书法的统称。书画作品包括书画者个人创作的作品，也包括现代印制技术下生产的书画产品。通常情况下，个人创作的书画作品价值高于工业印制品。

3. 典型示例（图6-117，图6-118）

4. 代表作（图6-119，图6-120）

5. 本类型调查要则及业态方向

（1）调查关注

①题材和内容；②表现形式（手法）；③文化、艺术、历史价值。

（2）适宜旅游业态形式

研学、观光、文化等。

图6-117　寿字

图6-118　东山岭摩崖石刻群

图6-119　仕阶摩崖石刻群

图6-120　戚继光府前壁画

五、ECE雕塑

1. 类型说明

用于美化或纪念而雕刻塑造、具有一定寓意、象征或象形的观赏物和纪念物。

2. 特性指征

雕塑是雕、刻、塑三种制作方法的总称。指用各种可塑材料（如石膏、树脂、黏土等）或可雕、可刻的硬质材料（如木材、石头、金属、玉块、玛瑙、铝、玻璃钢、砂岩、铜等），创造出具有一定空间的可视、可触的艺术形象，借以反映社会生活、表达艺术家的审美感受、审美情感、审美理想的艺术。通过雕、刻减少可雕性物质材料，塑则通过堆增可塑物质性材料来达到艺术创造的目的。

3. 典型景观（图6-121，图6-122）

4. 代表景点（图6-123，图6-124）

图6-121　大肚佛雕塑

图6-122　蓬莱八仙石刻

图6-123　临高角解放公园雕像

5. 本类型调查要则及业态方向

（1）调查关注

①类型（传统、现代）；②材料；③形态；④功能；⑤工具。

（2）适宜旅游业态形式

观光、文化、研学等。

图6-124　帆船雕塑

六、ECF碑碣、碑林、经幢

1. 类型说明

雕刻记录文字、经文的群体刻石或多角形石柱。

2. 特性指征

碑碣、碑林是为纪事颂德而筑的长条形刻石或刻石群。一般有记事碑、记人碑、题名碑、墓碑，这些碑石都是镌刻文字。记事碑都立在事件发生地点。记人碑多立于该人出生地或其立功建业的地方。这些碑碣一般都是一事一人一碑，立在庭院厅堂内醒目地方。碑碣本身也是造型艺术的展现，不仅碑上的文字是书法艺术的体现，而且碑额、碑身与碑座的雕刻纹饰，如人物、花草、日月等，种类繁多，精美绝伦，也呈现不同时代的精神象征。

经幢源于古代的旌幡，随着印度佛教，特别是唐代中期佛教密宗而传入我国。经幢一般由幢顶、幢身和基座三部分组成，主体是幢身，刻有佛教密宗的咒文或经文、佛像等，多呈六角形或八角形。在我国五代二宋时最多，一般安置在通衢大道、寺院等地，也有安放在墓道、墓中、墓旁的。

3. 典型景观（图6-125，图6-126）

4. 代表景点（图6-127，图6-128）

5. 本类型调查要则及业态方向

（1）调查关注

①刻石性质（材质、坚硬程度）；②长、宽、高；③文字内容、题材、风格；④绘制手法（涂染、敲击刻画、磨制、凿刻等）；⑤雕刻纹饰。

图6-125　白沙起义纪念碑

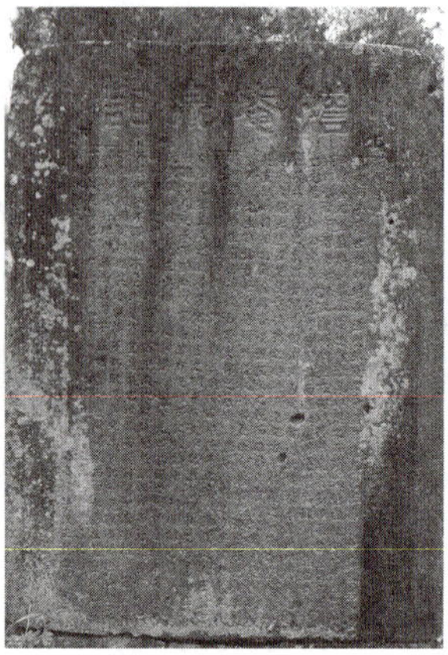

图6-126　澹庵泉碑

图6-127　前江武帝庙经幢

图6-128　人民英雄纪念碑

（2）适宜旅游业态形式

观光、文化、研学、红色、军事等。

七、ECG牌坊牌楼、影壁

1. 类型说明

为表彰功勋、科第、德政以及忠孝节义所立的建筑物，以及中国传统建筑中用于遮挡视线的墙壁。

2. 特性指征

牌坊又名牌楼，为门洞式纪念性建筑物，宣扬封建礼教，标榜功德。牌坊也是祠堂的附属建筑物，昭示家族先人的高尚美德和丰功伟绩，兼有祭祖的功能。

影壁一般指设立在建筑物，如院落、寺院、宫殿大门内或大门外，并与大门保持一定距离的墙壁。形状有一字形、八字形等，通常是由砖砌成，由座、身、顶三部分组成，座有须弥座。墙身的中心区域称为影壁心，中国和越南的影壁的壁心通常由45度角斜放的方砖贴砌而成，简单一点的影壁可能没有什么装饰，但也必须磨砖对缝非常整齐，豪华的影壁通常装饰有很多吉祥图样的砖雕。影壁墙上的砖雕主要有中心区域的中央和四角，在与屋顶相交的地方也有混枭和连珠。中心方砖上面一边雕刻有中心花、岔角在影壁墙的中央还镶嵌有福寿字的砖匾或者是带有吉祥意味的砖雕。有些较为简单的影壁未必有齐三部分，有些没有基座，也有无顶的，最简单的只有墙身，有些墙身也没有外缘和壁心的分界，例如琉球建筑有些影壁则只是简单的石砌墙。

3. 典型景观（图6-129，图6-130）

4. 代表景点（图6-131，图6-132）

图6-129 父子总督牌坊

图6-130 龙梅太史坊

图6-131 南轩照壁

图6-132 秦皇岛净土寺牌坊

5. 本类型调查要则及业态方向

（1）调查关注

①类型；②形态结构；③建筑材料；④功能。

（2）适宜旅游业态形式

文化、观光、研学、民俗等。

八、ECH门廊、廊道

1. 类型说明

依门或通道而建的廊体建筑，有门廊、走廊等形式，是中国庭院建筑中常见的建筑形式。

2. 特性指征

具有时代、地域、民族特性，能够反映各区域、各民族不同年代的建筑风格和文化差异。

3. 典型景观（图6-133，图6-134）

4. 代表景点（图6-135，图6-136）

5. 本类型调查要则及业态方向

（1）调查关注

①建造时间；②形态结构；③建筑材料、风格；④文化内涵。

图6-133　君顶酒庄廊道

图6-134　老周三雨林长廊

图6-135　百花廊桥

图6-136　开心农场廊道

（2）适宜旅游业态形式

观光、康养度假、文化等。

九、ECI塔型建筑

1. 类型说明

具有纪念、镇物、标明风水和某些实用目的的直立建筑物。

2. 特性指征

从佛塔转化而来的塔型建筑物，由于在中国实现了本土化，已经不再注重佛教含义和担负佛教的功能，而是作为一种镇物、祈福的象征，如墓塔、崇物塔、风水塔、景观塔、文运塔等。这些塔的形制、装饰有如佛塔。还有一些根本上就是为了实用功能而向其他领域扩展的现代建筑物，如灯塔、水塔、电视塔、瞭望塔等。这类塔主要根据实用目的建造，与佛塔在外形和结构上差别很大。

3. 典型景观（图6-137，图6-138）

4. 代表景点（图6-139，图6-140）

图6-137　临高角灯塔

图6-138　革命烈士纪念塔

图6-139　琼北一阁

图6-140　蓬莱塔型建筑

5. 本类型调查要则及业态方向

（1）调查关注

①基础数据（高度、层数、占地面积）；②建筑风貌（材料、形态、结构、纹理、装饰）；③类型与功能。

（2）适宜旅游业态形式

观光、研学、文化等。

十、ECJ景观步道、甬路

1. 类型说明

用于观赏游览行走而砌成的小路。

2. 特性指征

绿色景观线路是沿着河滨、溪谷、山脊、风景道路、沟渠等人工廊道建设，可供游人徜徉其间，形成与自然生态环境密切结合的带状景观斑块走廊，承担信息、能量和物质的流动作用，促进景观生态系统内部的有效循环，同时加强各版块之间的联系。

3. 典型景观（图6-141，图6-142）

4. 代表景点（图6-143，图6-144）

5. 本类型调查要则及业态方向

（1）调查关注

①类型；②形态；③铺砌材料。

（2）适宜旅游业态形式

观光、康养度假、体育等。

图6-141　蓬莱田横栈道

图6-142　马家沟栈道

图6-143　戴河湿地木栈道

图6-144　观音洞景观步道

十一、ECK花草坪

1. 类型说明

天然或人造的种满花草的地面。

2. 特性指征

花草坪起绿化美化的作用。它是一个国家、一个城市文明程度的标志之一。适用于美化环境、园林景观、净化空气、水土保持、提供户外活动和体育运动场所。

3. 典型景观（图6-145，图6-146）

4. 代表景点（图6-147，图6-148）

5. 本类型调查要则及业态方向

（1）调查关注

①类型；②形态；③用途；④建造方法、养护技术。

图6-145　草坪欣赏

图6-146　花坪欣赏

图6-147 南澳赤石湾草坪

图6-148 秦皇岛宁海大道景观区

（2）适宜旅游业态形式

观光、文化等。

十二、ECL水井

1. 类型说明

用于生活、灌溉用的取水设施。

2. 特性指征

向下深入饱和层并从饱和层中抽水的人工开凿的直洞，主要用于开采地下水的工程构筑物。它可以是竖向的、斜向的和不同方向组合的，但一般以竖向为主，可用于生活取水、灌溉。

3. 典型景观（图6-149，图6-150）

4. 代表景点（图6-151，图6-152）

图6-149 青梅古井

图6-150 南田村红军井

图6-151　罗驿村古井

图6-152　蓬莱四眼井

5. 本类型调查要则及业态方向

（1）调查关注

①深度；②结构、形态；③井孔出水量、水位、水温、水质及其动态变化；④水的利用情况。

（2）适宜旅游业态形式

观光、研学、民俗等。

十三、ECM喷泉

1. 类型说明

人造的由地下喷射水至地面的喷水设备。

2. 特性指征

喷泉是一种将水或其他液体经过一定压力通过喷头喷洒出来具有特定形状的组合体，提供水压的一般为水泵。喷泉景观概括来说可以分为两大类，一是因地制宜，根据现场地形结构，仿照天然水景制作而成，如：壁泉、涌泉、雾泉、管流、溪流、瀑布、水帘、跌水、水涛、漩涡等；二是完全依靠喷泉设备人工造景，有音乐喷泉、程控喷泉、摆动喷泉、跑动喷泉、光亮喷泉、游乐趣味喷泉、超高喷泉、激光水幕电影等。

3. 典型景观（图6-153，图6-154）

4. 代表景点（图6-155，图6-156）

5. 本类型调查要则及业态方向

（1）调查关注

①类型；②形态；③供水形式；④用途。

（2）适宜旅游业态形式

观光、康养度假、节庆、娱乐等。

图6-153　秦皇岛数谷大厦前喷泉

图6-154　西安大雁塔前喷泉

图6-155　蓬莱喷泉

图6-156　秦皇岛汤河公园小喷泉

十四、ECN堆石

1. 类型说明

由石头堆砌或填筑形成的景观。

2. 特性指征

堆石具有多方面的造景功能，如构成园林的主景或地形骨架，划分和组织园林空间，布置庭院、驳岸、护坡、挡土，设置自然式花台。还可以与园林建筑、园路、场地和园林植物组合成富于变化的景致，借以减少人工气氛，增添自然生趣，使园林建筑融汇到山水环境中。

3. 典型景观（图6-157，图6-158）

4. 代表景点（图6-159，图6-160）

5. 本类型调查要则及业态方向

（1）调查关注

①形态；②功能。

图6-157　秦皇岛市丰硕生态农业

图6-158　堆石

图6-159　南澳下松柏坑

图6-160　蓬莱堆石

（2）适宜旅游业态形式

观光等。

应用学习任务

本章小结

本章重点阐述了建筑与设施类旅游资源各个基本类型的基础理论知识，在此基础上，详细介绍了每个基本类型在调查时的重点关注内容及其与旅游活动相适宜的要点。通过本章的学习，使学生能够发现并掌握每个基本类型的特点与规律，并能最终结合各种具体的实地旅游景观，顺利完成旅游资源调查笔记的填写，胜任旅游资源普查的工作，从而可以更好地开发利用建筑与设施类旅游资源。

思考题

1. 依次判断（图6-161和图6-162）分别属于哪一基本类型的旅游资源。

图6-161

图6-162

2. 军事遗址与古战场类旅游资源适宜的旅游业态形式有哪些？
3. 判断自己所在学校哪些建筑属于教学科研实验场所并举例说明。
4. 康体游乐休闲度假地指的是具有______、______、______、______、____________的地方。
5. 简要说明宗教与祭祀活动场所在调查时应关注哪些内容？
6. 根据所学的知识，分别查找属于车站、航空港、桥梁以及港口、渡口与码头的旅游资源单体照片并展示。
7. 对纪念地与纪念活动场所进行类型说明。
8. 分别对特色街区、特性屋舍、特色店铺和特色市场进行特性指征的说明。
9. 独立厅、室、馆、场、所作为旅游资源在调查时应关注哪些内容？
10. 以京杭大运河为例，分析运河作为水利工程的主要类型，并且是如何发挥其重要作用的？
11. 堤坝段落指专门用于______、______而修建的构筑物段落。
12. 洞窟是指由____________、____________和____________形成的可进入的地下空洞。
13. 阐述陵墓的特点。
14. 比较景观农田、景观牧场、景观林场以及景观养殖场的异同点。

15. 分析旅游形象标志物的意义。
16. 阐述观景点对景区建设的作用。
17. 简述亭、台、楼、阁各自的特点。
18. 收集王羲之《兰亭序》的相关资料，简述其所蕴藏的文化内涵。
19. 简述碑碣、碑林、经幢、牌坊牌楼、影壁形成的原因。
20. 结合实例，分析门廊、廊道、景观步道、甬路的旅游功能。
21. 简述塔形建筑的历史由来。
22. 如何理解雕塑、花草坪、喷泉以及堆石适宜旅游活动的要点？
23. 简述水井的作用。

案例应用（讨论题）

调查你所在的市（县）的建筑与设施类旅游资源并对调查结果进行讨论。

技能实践

表6-2 旅游资源调查笔记

调查时间	
调查地点	
参加人员	
调查主持	
记录人	

调查关注描述：

适宜旅游业态形式记述：

表6-3　建筑与设施类旅游资源调查名录

亚类	基本类型	实地调查旅游资源单体名称
EA人文景观综合体	EAA社会与商贸活动场所	
	EAB军事遗址与古战场	
	EAC教学科研实验场所	
	EAD建设工程与生产地	
	EAE文化活动场所	
	EAF康体游乐休闲度假地	
	EAG宗教与祭祀活动场所	
	EAH交通运输场站	
	EAI纪念地与纪念活动场所	
EB实用建筑与核心设施	EBA特色街区	
	EBB特性屋舍	
	EBC独立厅、室、馆	
	EBD独立场、所	
	EBE桥梁	
	EBF渠道、运河段落	
	EBG堤坝段落	
	EBH港口、渡口与码头	
	EBI洞窟	
	EBJ陵墓	
	EBK景观农田	
	EBL景观牧场	
	EBM景观林场	
	EBN景观养殖场	
	EBO特色店铺	
	EBP特色市场	

续表

亚类	基本类型	实地调查旅游资源单体名称
EC景观与小品建筑	ECA形象标志物	
	ECB观景点	
	ECC亭、台、楼、阁	
	ECD书画作	
	ECE雕塑	
	ECF碑碣、碑林、经幢	
	ECG牌坊牌楼、影壁	
	ECH门廊、廊道	
	ECI塔型建筑	
	ECJ景观步道、甬路	
	ECK花草坪	
	ECL水井	
	ECM喷泉	
	ECN堆石	

第七章 历史遗迹旅游资源

学习目标

通过本章节的学习，使学生掌握历史遗迹类旅游资源各个基本类型的涵义，理解各个基本类型的特性指征，熟悉与基本类型对应的典型景观表现，了解各基本类型的代表景点，能够在实地调查时准确判断旅游资源单体类型，并清楚每个基本类型在调查时应关注的内容及其适宜旅游活动的要点。

旅游管理实践中的困境

历史遗迹作为特定历史时期人类某些生产生活活动的产物，是民族、国家历史的记录。大多数人通过参观历史遗迹，都能获得对历史遗迹历史、审美、科学研究、社会价值的认知与欣赏。

但是，由于很多人缺乏相关理论知识，不能准确判断哪些历史遗迹属于旅游资源，往往忽略了很多潜在的、有价值的旅游资源。不利于了解和认识各个地区各个历史时期人们的社会活动、意识形态以及物质生活和精神生活的状况，影响了历史文化的增值和传承，也阻碍了社会文化的发展。

知识导读

人类生存和活动在地球上，独立发展成为一个人类圈层。人类圈虽然形成较晚，但由于人类特有的智慧和劳动，通过社会生产和生活对生存世界的各个方面施加影响，创造了灿烂的物质文明和精神文明，人类创造的历史遗存和现实存在的各种景观，以及社会、经济、文化生活的各个方面都可以成为旅游资源。

人类的历史经历了数百万年，过去人类创造的各种有价值的东西大部分已经消失，少部分遗留下来的变得弥足珍贵，被人视作文物。《中华人民共和国文物保护法》对文物的解释是，“（一）具有历史、艺术、科学价值的古文化遗址、古墓葬、古建筑、石窟寺和石刻；（二）与重大历史事件、革命运动和著名人物有关的，具有重要纪念意义、教育意义和史料价值的建筑物、遗址、纪念物；（三）历史上各时代珍贵的艺术品、工艺美术品；（四）重要的革命文献资料以及具有历史、艺术、科学价值的手稿、古旧图书资料等；（五）反映历史上各时代、各民族社会制度、社会生产、社会生活的代表性实物。”同时还规定：“具有科学价值的古脊椎动物化石和古人类化石同文物一样受到国家的保护。”这里规定的国家保护文物的范围，实际上也就是文物所包括的内容。

国家为了保护的需要，对文物等级作了明确的规定（表7-1）。

表7-1　文物等级标准

等级	标准
一级	1. 反映中国各个历史时期与生产关系及其经济制度、政治制度，以及有关社会历史发展的代表性文物

续表

等级	标准
一级	2. 反映生产力的发展、生产技术的进步和科学发明创造的代表性文物 3. 反映各民族社会历史发展和促进民族团结、维护祖国统一的代表性文物 4. 反映历代劳动人民反抗经济剥削、政治压迫，以及有关著名起义领袖的代表性文物 5. 反映了中外友好往来和在政治、经济、军事、教育、科技、文化、体育等方面相互交流的代表性文物 6. 反映中华民族抵御外侮、反抗侵略的历史事件和重要历史人物的代表性文物 7. 反映历代著名的思想家、科学家、发明家、政治家、军事家、教育家、文学家、艺术家及历代著名工匠的代表性文物 8. 反映各民族生活习俗、文化艺术、工艺美术、宗教信仰的具有特别重大历史、艺术和科学价值的代表性文物 9. 中国古旧图书中具有代表性的善本 10. 反映有关国际共产主义运动中重大事件和杰出领袖人物的革命实践活动，以及为中国革命作出重大贡献的国际主义战士的代表性文物 11. 反映中国共产党成立以来及其有关重大历史事件、领袖人物、著名烈士的代表性文物 12. 反映有关中国各党派、团体的重大事件、重要人物和爱国侨胞及社会知名人士的具有代表性的文物 13. 其他具有特别重要历史、艺术、科学价值的国内外代表性文物
二级	1. 具有重要历史、科学价值或较高艺术价值，但在全国或本地区存量较多的文物 2. 具有一定历史、科学价值或一般艺术价值，但在全国或本地区存量较少的文物 3. 反映一个地区、一个民族或某一个时代的具有重要历史价值或较高艺术价值，但有某种缺陷的文物 4. 反映某一历史人物、历史事件，或对研究某一历史问题有重要价值的文物 5. 反映某种文化类型和文化特征的、能说明某一历史问题有重要价值的文物 6. 时代较晚，其历史、艺术、科学价值一般，但经济价值较高的文物 7. 反映各地区、各民族的重要民俗文物 8. 反映历代著名艺术家或著名工匠的重要作品，一般艺术家的精品 9. 中国古旧图书中具有重要价值的善本 10. 其他具有重要历史、艺术、科学价值的国内外文物
三级	1. 具有一定历史、艺术、科学价值，在全国或本地区存量较多的文物 2. 反映一个地区、一个民族或某一时代的具有一定历史、艺术、科学价值，但有某种缺陷的文物 3. 反映某一历史事件或人物，对研究某一历史问题有一定价值的文物 4. 反映某种文化类型特征的某一区域性的非主要文物 5. 具有一定历史、艺术、科学价值的民俗文物 6. 反映某一历史时期艺术水平和工艺水平的作品，或艺术、工艺水平较高，但损伤较重的作品 7. 中国古旧图书中具有一定价值的善本 8. 其他具有一定历史、艺术、科学价值的国内文物

物质类文化遗存有很多，指的是已废弃的目前不再有实际用途的历史人类活动遗存和人工构筑物，包括建筑遗迹和可移动文物。考古学上将可移动的古代遗留物称遗物，将不可或不能移动的古代遗留物称遗迹，把遗物和遗迹总称为遗存。

除了上述物质类文化遗存，历史遗迹类旅游资源还包括非物质类文化遗存。非物质文化遗产种类繁多，内涵丰富，表现形式多样。非物质文化遗产名录中将非遗项目分为10个类别，分别是民间文学、传统音乐、传统舞蹈、传统戏剧、曲艺、传统美术、传统体育游艺与杂技、传统技艺、传统医药和民俗。

民间文学是一种特殊的文学，是指由劳动人民直接创造的且在民间广泛流传的文学，主要是口头文学，如民间故事、民间戏曲、民间曲艺、神话、传说、歌谱、谜语、谚语等。优秀的民间文化不仅具有优越的艺术性，而且包含很多历史信息。传承和研究民间文化可以了解当地人民在某个特殊时期的生活态度、民族信仰、价值观念等。民间文学具有鲜明的口头性、集体性、变异性、传承性和直接人民性。

传统音乐是指形成并流行于民间的歌曲和器乐曲，包括民间舞蹈音乐和民间戏曲音乐。民间音乐的作者一般是有创作才能的不出名的民间艺人，他们往往既是创作者又是表演者。民间音乐具有鲜明的民族风格和地方特色，在表现手法和技巧上具有丰富性，因场合和氛围的不同而有不同的表现手法和技巧。

传统舞蹈产生、流传于民间，是一种风格鲜明、为广大群众所喜闻乐见的舞蹈，它反映人民的劳动、斗争、交际和爱情生活。不同民族和地区的民间舞蹈受生活方式、历史传统、风俗习惯、民族性格、宗教信仰、地理和气候等自然环境的影响而显现出风格特色的明显差异。

传统戏剧，中国的戏剧与希腊悲剧和喜剧、印度梵剧并称为世界三大古老的戏剧文化。文学上的戏剧概念是指为戏剧表演所创作的脚本，即剧本。这里所指的传统戏剧是以语言、动作、舞蹈、音乐、木偶等形式达到叙事目的的舞台表演艺术的总称，是时间艺术和空间艺术的综合，常见的表演形式有话剧、歌剧、舞剧、音乐剧、木偶戏等。传统戏剧具有虚拟性，舞台艺术不是单纯的模仿生活，而是对生活原形进行选择、提炼、夸张和美化，通过唱、念、做、打等表演手法把观众直接带入艺术的殿堂。传统戏剧的另一个特征是程式性，舞台动作的表现有一套固定的程式，在程式的规范之下又有灵活性。

曲艺是中华民族各种说唱艺术的统称，是由民间口头文学和歌唱艺术经过长期发展演变形成的一种独特的艺术形式。我国仍活跃在民间的曲艺品种有400个左右，它们虽有各自的发展历程，但都具有民间性、群众性的艺术特征。曲艺不同于戏剧，戏剧由演员装扮成固定的角色进行表演，曲艺演员不装扮成角色，通常一个演员模仿多种人物，以“一人多角”的方式，通过说、唱，或似说似唱，或又说又唱来叙事、抒情，把人物和故事演绎出来。曲艺表演起来比戏剧简单、朴素，通常一个伴奏器乐、一个道具、一个演员就能撑起一台曲艺表演。

杂技是原始人在狩猎中形成的劳动技能和自卫攻防中创造的武技与超常体能，在休息和娱乐时，又被再现为一种自娱游戏的竞技表演，即为最早的杂技艺术。每一种杂技与竞技都有自身的游戏规则和艺术特点，且带有鲜明的地域色彩，因地域的差异而有不同的规则。

传统美术又称民间美术，是人民群众创造的以美化环境、丰富民间风俗活动为目的，在日常生活中应用、流行的美术。民间美术主要有年画、刺绣、剪纸、风筝、传统编织工艺品、中国传统玩具六个种类。年画最初是由“门神画”演变而来的，以木刻水印为主，追求拙朴的风格和热闹的气氛，通常用于增添节日气氛、美化房屋。画的线条单纯、色彩鲜明，图案有花鸟、神话传说、历史故事、春牛等。刺绣因多为妇女所作，故又名“女红”，苏绣、粤绣、湘绣、蜀绣被称为“四大名绣”，它们被广泛的用于服装、台布、枕套、靠垫等生活用品及屏风、挂壁等陈设品。剪纸在全国各地都能看到，因其材料易得、成本低廉、效果立见、适应面广，而成为中国民间最为普及的传统装饰之一。具有代表性的风格有南方派、江浙派、北方派。风筝源于春秋时代，早期为传递信息的工具，到宋代，放风筝成为百姓喜爱的户外活动。中国的编制工艺和传统玩具品种繁多、风格各异，均具有原始文化和乡土艺术的特点，一般就地取材，物美价廉。

传统手工技艺是指具有高度技巧性、艺术性的手工技艺，它蕴含着我国人民的智慧与创造力。传统手工技艺的现代价值不容忽视，仍在社会生产和日常生活中被广泛应用。随着人们对物质生活和精神生活要求的提高，许多传统手工技艺引入现代化的生产技术，被赋予了除使用功能以外的文化内涵。

传统医药是相对于现代医学而言的，它出现在现代医学之前，指与古代社会文化密切相关的医学实践。传统医药的实践因不同国家的传统文化继承性的差别而显示出多样性。我国传统医药理论具有较强的“整体观”和“统合观”，而使临床医学形成了独特的治疗观和行为方式，通过望、闻、问、切“四诊”从整体上把握阴、阳、表、里、寒、热、虚、实“八纲”，强调人体生理与自然环境的统一，认为“气”为万物基始，百病皆生于“气”“气治则安、气乱则病”，一旦人体生理功能与自然环境失衡，就会由风、寒、暑、湿、燥、火“六淫”致病，综合分析各种致病因素，同病异治、异病同治，注重扶正祛邪，治标固本。

民俗即民间风俗，是一个国家或一个民族中由广大民众所创造、享用和传承的生活文化，它起源于人类社会群体的生活，在特定的民族、时代和地域中不断形成、扩大和演变，为民众的日常生活服务。由于民俗是从当地人民生活的习惯中演变、形成的，受地理环境、当地人谋生方式、历史传统的影响和制约，因而显示出浓烈的地方特色。由于民族众多，每个民族又有不同的民俗，同一民俗在不同阶段也有变化，民族间的交流会使民俗相互影响，因此我国的民俗又呈现出多元性、复合性、变异性的特征。民俗涉及的内容很多，研究的领域至今仍在不断地拓展，主要包括生产劳动民俗、日常生活民俗、社会组织民俗、岁时节日民俗、人生礼仪、游艺民俗等方面。

历史遗迹类旅游资源在各地广泛分布，总数很大。

第一节　FA物质类文化遗存

一、FAA建筑遗迹

1. 类型说明

具有地方风格和历史色彩的历史建筑遗存。

2. **特性指征**

建筑与自然环境和社会条件的关系密切，我国各地自然环境变化很大，各民族文化习俗和生产力水平差别明显，民居建筑在建筑形制、使用材料、功能特征等许多方面都很不相同。这些建筑结构形成了各地很有区域特色的民居形式。如炎热潮湿的南方山区多用竹木建筑干栏式房屋；西南、西北和北方草原民族采用轻木和毛毡建造易于拆建的毡包式居室；干旱少雨的黄土高原地区直接在坚实的厚层黄土中掘成窑洞；东北林区的居民用粗大的原木垒墙造屋。而大部分地区多是使用木构架承重的建筑，这类建筑取材容易，便于施工，维修也方便。历史建筑遗存不仅具有一定的历史人文价值，集文化、教育、纪念意义于一体，也是各个时期不同建筑风貌的重要遗存，并融入了现代技术手段，使其变得更加生动、易于接受。

3. **典型景观**（图7-1，图7-2）

4. **代表景点**（图7-3，图7-4）

图7-1 戚继光府

图7-2 美榔双塔

图7-3 南澳总兵府

图7-4 明长城罗汉洞段

5. 本类型调查要则及业态方向

（1）调查关注

①始建年代；②建筑规模；③建筑风貌（造型、结构、建筑材料）；④环境特征；⑤保存现状。

（2）适宜旅游业态形式

研学、观光、文化、宗教、民俗等。

二、FAB可移动文物

1. 类型说明

可移动文物指历史上各时代重要实物、艺术品、文献、手稿、图书资料、代表性实物等，分为珍贵文物和一般文物。

2. 特性指征

指馆藏文物（可收藏文物）。

3. 典型文物（图7–5，图7–6）

4. 代表文物（图7–7，图7–8）

5. 本类型调查要则及业态方向

（1）调查关注

①年代；②内容；③特征；④保存完整度。

（2）适宜旅游业态形式

研学、观光、文化等。

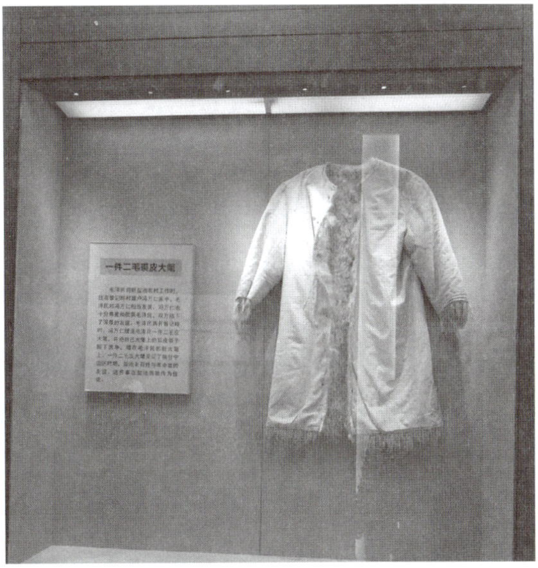

图7–5　二毛裘皮大衣

图7–6　可移动文物

图7–7　兵马俑

图7–8　胡旋舞石刻墓门

第二节　FB非物质类文化遗存

一、FBA民间文学艺术

1. 类型说明

民间对社会生活进行形象的概括而创作的文学艺术作品。

2. 特性指征

人类通过劳动在开发利用自然资源过程中所创造的精神资源，能够为人类利用或再利用并创造价值的文化现象，包括文学和艺术作品等。在内容上接近客观现实，容易引起人们的共鸣；在形式上很直观，易被广大群众所接受。作用于受众的心灵、思想、情感、意志等精神层面，满足人们求真、求善、求美、求乐等精神需要，促进和推动人们认识世界和改造世界的社会实践活动。主要包括诗词、小说、传说故事、歌谣等。

3. 典型示例（图7-9，图7-10）

4. 代表示例（图7-11，图7-12）

5. 本类型调查要则及业态方向

（1）调查关注

①题材和内容；②表现形式（手法）；③文化艺术价值；④历史文化价值。

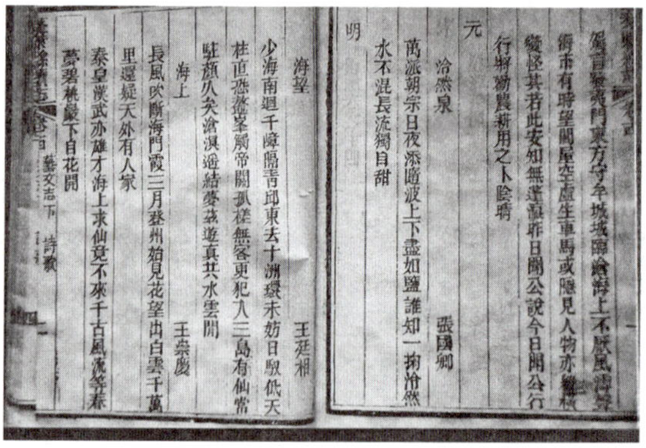
街市有時望闕屋空虛生車馬或隱見人物亦難
變怪其若此安知無蓬瀛昨日關公說今日關公行
行將勸農耕用之卜陰晴

元
冷然泉　張國卿
萬派朝宗日夜添隨波上下盡如鹽誰知一掬冷然
水不混長流獨自甜

明

海望　王廷相
少海南迴千嶂隔青邱東去十洲環未妨日駁低天
柱直恐蓬萊觸帝關孤槎無客更犯入三島有仙常
駐顔久矣滄溟遥結夢兹遊真共水雲閒

海上　王宗廣
長風吹斷海門霞三月登州始見花望出白雲千萬
里還疑天外有人家
秦皇漢武亦雄才海上求仙竟不來千古風流等春
夢碧桃巖下自花開

藝文志下　詩歌

图7-9　登州海市文化

图7-10　沂蒙山小调

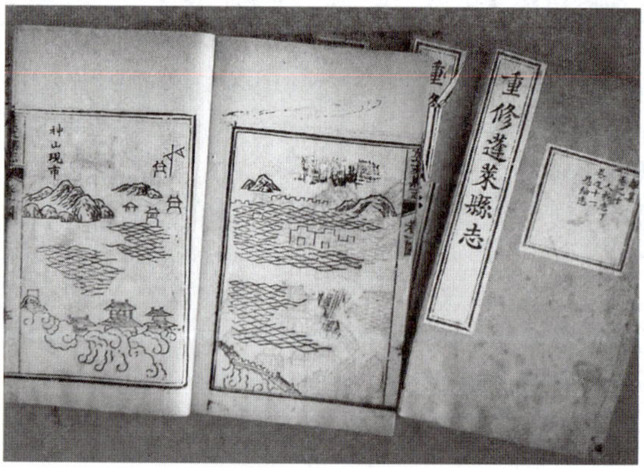

图7-11　蓬莱仙境的传说

图7-12　中国民间故事

（2）适宜旅游业态形式

文化、研学、民俗、观光等。

二、FBB地方习俗

1. 类型说明

社会文化中长期形成的风尚、礼节、习惯及禁忌等。

2. 特性指征

不同民族和地域的人们，在特定的自然与社会环境下，在长期的生产、生活和社会活动中所表现出的风俗习惯。具有集体性与模式性、传承性与传播性、稳定性与变异性、民族性与地方性、原始性与神秘性。

3. 典型示例（图7-13，图7-14）

4. 代表示例（图7-15，图7-16）

图7-13 端午包粽子

图7-14 蒙古族传统习俗

图7-15 土家族婚嫁习俗

图7-16 中秋习俗—烧番塔

5. 本类型调查要则及业态方向

（1）调查关注

①内容；②形式；③步骤和程序。

（2）适宜旅游业态形式

民俗、文化、观光、研学、节庆等。

三、FBC传统服饰装饰

1. 类型说明

从古至今长期流传下来的具有地方和民族特色的衣饰。

2. 特性指征

具有地方特色和民族特色的衣服、鞋帽、佩戴、装饰物等。我国各少数民族丰富多彩的服饰是这方面的代表。

3. 典型服饰（图7-17，图7-18）

4. 代表服饰（图7-19，图7-20）

图7-17 海南黎族婚服

图7-18 苗族服饰

图7-19 蒙古族特色服饰

图7-20 壮族服饰

5. 本类型调查要则及业态方向

（1）调查关注

①制作材料；②款式；③色彩；④配件。

（2）适宜旅游业态形式

民俗、文化、观光、研学等。

四、FBD传统演艺

1. 类型说明

历史形成的民间各种传统表演方式。

2. 特性指征

此类指民间自己组织的演艺队的表演，一般是指“接地气”的表演，表现一个民族或地区的文化传统、生活习俗及人们的精神风貌。

3. 典型示例（图7-21，图7-22）

4. 代表示例（图7-23，图7-24）

5. 本类型调查要则及业态方向

（1）调查关注

①规模（参演人数）；②内容；③表演形式（唱腔、动作、道具等）；④视觉效果（演员、舞台设计、道具设计、灯光设计、音响设计、服装设计、化妆设计等）。

（2）适宜旅游业态形式

观赏、文化学习、休闲等参与体验。

观光、民俗、文化、节庆、研学、体育等。

图7-21　皮影戏

图7-22　高跷舞蹈

图7-23　黄梅戏《女驸马》

图7-24　滦州地秧歌

五、FBE传统医药

1. 类型说明

当地传统留存的医药制品和治疗方式。

2. 特性指征

具有跨地区声望的当地生产的中草药材制品及治疗方式。用于预防、治疗、诊断疾病并具有康复与保健作用。我国各地用药习惯不同，各地的中药材种类有很大差异。北方地区，以耐寒、耐旱、耐盐碱的根及根茎类药材居多，其次是果实类药材；长江流域及南方地区以喜暖、喜湿润的叶类、全草类、花类、藤木类、皮类和动物类药材所占比重较大。传统医药是整体保健知识、技能和实践的总和，由于其保健和治疗的作用而让社会承认和接受。传统医药的基础是理论、信仰和经验，它们来源于不同的文化并世代相传和发展。

图7-25　红花油

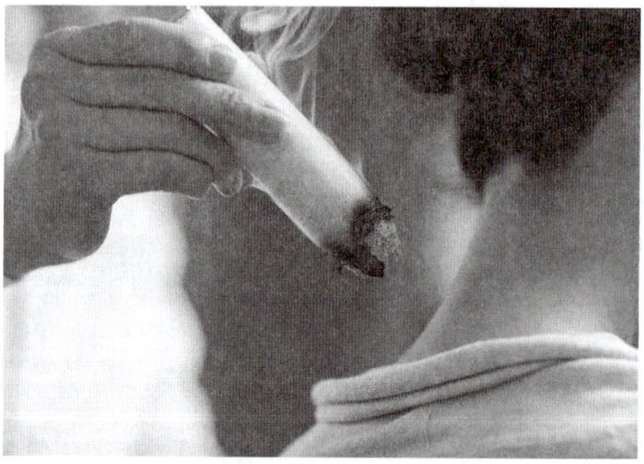

图7-26　艾灸

3. 典型示例（图7-25，图7-26）

4. 代表示例（图7-27，图7-28）

5. 本类型调查要则及业态方向

（1）调查关注

①治疗方式和疗程；②功效；③药的形式。

（2）适宜旅游业态形式

康养度假、研学等。

图7-27　阿胶

图7-28　拔火罐

六、FBF传统体育赛事

1. 类型说明

历史流传的当地定期举行的体育比赛活动。

2. 特性指征

这些活动具有浓郁的地方和民族特点，它们多在节日和特殊聚会期间进行，一般和民间文艺活动结合在一起。通常都是在各民族年节或放牧、耕作之余举行。形式很多，常见的活动有赛龙舟、摔跤、赛马、马上游戏、射箭等，在部分民族地区流行的还有爬杆、斗牛、跳板、角力、赛牦牛、赛骆驼、拔河、赛跑等。

3. 典型赛事（图7-29 ~ 图7-32）

4. 代表赛事（图7-33，图7-34）

图7-29　蒙古摔跤

图7-30　赛龙舟

图7-31　武术

图7-32　赛马

图7-33　村里集镇秧歌

图7-34　射箭

5. 本类型调查要则及业态方向

（1）调查关注

①举办时间；②活动内容；③形式；④比赛规则和比赛程式；⑤规模（参与人数）；⑥相关文艺活动；⑦主要发生的地区。

（2）适宜旅游业态形式

赛事、体育、观光、民俗、娱乐等。

应用学习任务

本章小结

本章重点阐述了历史遗迹类旅游资源各个基本类型的基础理论知识，在此基础上，详细介绍了每个基本类型在调查时的重点关注内容及其与旅游活动相适宜的要点。通过本章的学习，使学生能够发现并掌握每个基本类型的特点与规律，并能最终结合各种具体的实地旅游景观，顺利完成旅游资源调查笔记的填写，胜任旅游资源普查的工作，从而可以更好地开发利用历史遗迹类旅游资源。

思考题

1. 收集圆明园相关资料，简述其作为建筑遗迹的历史文化意义。
2. 举例说明可移动文物的历史研究与文化教育功能。
3. 简要说明民间文学艺术在调查时应关注的内容。
4. 地方习俗指的是社会文化中长期形成的________、________、________及________等。
5. 传统服饰装饰包括具有地方特色和民族特色的________、________、________等。
6. 简述传统医药的特点。
7. 分别对传统演艺和传统体育赛事的特性指征进行说明。

案例应用（讨论题）

调查你所在的市（县）的历史遗迹类旅游资源并对调查结果进行讨论。

技能实践

表7-2　旅游资源调查笔记

调查时间	
调查地点	
参加人员	
调查主持	
记录人	

调查关注描述：

适宜旅游业态形式记述：

表7-3 历史遗迹类旅游资源调查名录

亚类	基本类型	实地调查旅游资源单体名称
FA物质类文化遗存	FAA建筑遗迹	
	FAB可移动文物	
FB非物质类文化遗存	FBA民间文学艺术	
	FBB地方习俗	
	FBC传统服饰装饰	
	FBD传统演艺	
	FBE传统医药	
	FBF传统体育赛事	

第八章
旅游购品旅游资源

学习目标

通过本章节的学习，使学生掌握旅游购品类旅游资源各个基本类型的涵义，理解各个基本类型的特性指征，熟悉与基本类型对应的典型景观表现，了解各基本类型的代表景点，能够在实地调查时准确判断旅游资源单体类型，并清楚每个基本类型在调查时应关注的内容及其适宜旅游活动的要点。

旅游管理实践中的困境

在长期历史发展过程中，因各地自然条件和社会环境不同，以及人们通过自己的勤劳和智慧，在生产和生活中产生了在当地具有一定声望的物品。然而，由于缺乏相关理论知识，人们常常不能准确判断哪些物品属于旅游资源，往往忽略了很多潜在的、有价值的旅游资源，不能把地区或民族的特色传播给其他人，也不利于区域文化的传承和发展。

知识导读

我国疆域辽阔，有五千多年的历史，有56个民族，不同区域和民族间的生产生活活动产物极为丰富，形成了各具特色的农业产品、工业产品以及手工工艺品。

旅游购品并没有一个严格的定义，因为商品的本意是为交换而生产的劳动产品，而这种产品除了少部分外，大部分并不是专门为旅游者生产的，这里所说的旅游购品，范围很广，多是为大众旅游者所感兴趣的，很多商品都有可能成为旅游购品。

第一节　GA农业产品

一、GAA种植业产品及制品

1. 类型说明

具有跨地区声望的当地生产的种植业产品及制品。

2. 特性指征

种植业产品及制品包含粮食及其副产品，油料及其副产品，果品、蔬菜及其制品、食用菌及其制品，饮料作物产品，糖类及其副产品，纺织用植物原料，烟草，观赏植物，饲用和绿肥作物，种子、种菌及繁殖材料。

3. 典型示例（图8-1，图8-2）

4. 代表示例（图8-3，图8-4）

5. 本类型调查要则及业态方向

（1）调查关注

①类型；②色泽；③形态；④口感；⑤营养。

（2）适宜旅游业态形式

乡村、农业、购物、美食、观光等。

图8-1　富硒大米

图8-2　绿茶

图8-3　福山咖啡

二、GAB林业产品及制品

1. 类型说明

具有跨地区声望的当地生产的林业产品及制品。

2. 特性指征

近代林产品主要是木材及其副产品。可分为两大类，一类是木材及各种木材加工制品，另一类是经济林及森林副产品。

3. 典型示例（图8-5，图8-6）

4. 代表示例（图8-7，图8-8）

图8-4　蓬莱酒

图8-5　原木

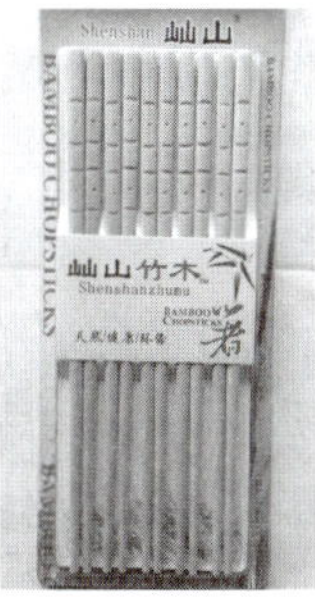

图8-6　竹筷子

图8-7　松子

图8-8　家具

5. 本类型调查要则及业态方向

（1）调查关注

①类型；②特性；③用途。

（2）适宜旅游业态形式

农业、观光、森林、购物、美食等。

三、GAC畜牧业产品及制品

1. 类型说明

具有跨地区声望的当地生产的畜牧业产品及制品。

2. 特性指征

畜牧业是指用放牧、圈养或者二者结合的方式，饲养畜禽以取得动物产品或役畜的生产活动。它包括牲畜饲牧、家禽饲养、经济兽类驯养等。畜牧业不但为纺织、油脂、食品、制药等工业提供原料，也为人民生活提供肉、乳、蛋、禽等丰富食品，为农业提供役畜和粪肥。

3. 典型示例（图8-9，图8-10）

4. 代表示例（图8-11，图8-12）

图8-9 羊

图8-10 内蒙古牛肉干

图8-11 奶片

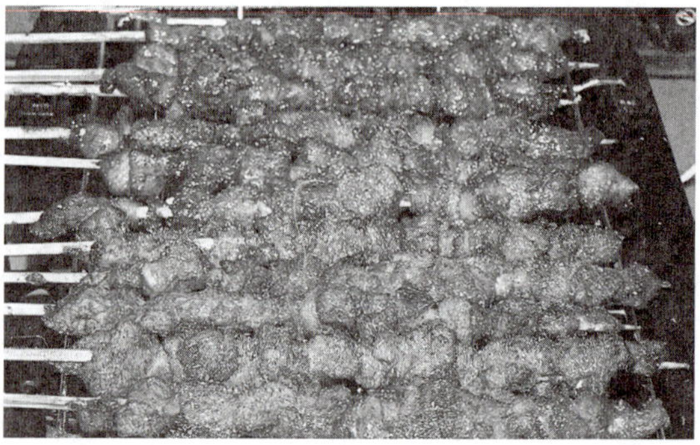

图8-12 新疆羊肉串

5. 本类型调查要则及业态方向

（1）调查关注

①类型；②色泽；③形态；④口感；⑤营养。

（2）适宜旅游业态形式

农业、乡村、观光、购物、美食等。

四、GAD水产品及制品

1. 类型说明

具有跨地区声望的当地生产的水产品及制品。

2. 特性指征

水产品是海洋、江河、湖泊里出产的动物或藻类等的统称，和相关的服务或加工行业的总称。水产品按生物种类形态可分为：鱼类、贝类、藻类和水生哺乳动物，按出产可分为淡水产和海鲜两大类，按其保存条件可分为活鲜、冰鲜、冻鲜和干鲜。中国水产品及制品如表8-1所示。

表8-1 中国水产品及制品

类型		种类
鲜、活品	海水鱼类	大黄鱼、小黄鱼、黄姑鱼、白姑鱼、带鱼、马鲛鱼、角鱼、绳鱼、鲈鱼、鲱鱼、蓝圆（鱼参）、马面（鱼屯）、石斑鱼、鲆鱼、鲽鱼、沙丁鱼、鳀鱼、鳕鱼、海鳗、鳐鱼、鲨鱼、鲷鱼、金线鱼、其他海水鱼类
	海水虾类	东方对虾、日本对虾、长毛对虾、斑节对虾、墨吉对虾、宽沟对虾、鹰爪、白虾、毛虾、龙虾、其他海水虾类
	海水蟹类	梭子蟹、青蟹、其他海水蟹类
	海水贝类	鲍鱼、泥蚶、毛蚶（赤贝）、魁蚶、贻贝、红螺、香螺、玉螺、泥螺、栉孔扇、海湾扇贝、牡蛎、文蛤、杂色蛤、青柳蛤、大竹蛏、缢蛏、其他海水贝类
	其他海水动物	墨鱼、鱿鱼、章鱼
	淡水鱼类	青鱼、草鱼、鲢鱼、鳙鱼、鲫鱼、鲤鱼、鲮鱼、鲑（大麻哈鱼）、鳜鱼、团头鲂、长春鳊、鲂（三角鳊）、银鱼、乌鳢（黑鱼）、泥鳅、鲶鱼、鮰鱼、鲈鱼黄鳝、罗非鱼、虹鳟、鳗鲡、鲟鱼、鳇鱼、其他淡水鱼类
	淡水虾类	日本沼虾、罗氏沼虾、中华新米虾、秀丽白虾、中华小长臂虾、其他淡水虾类
	淡水蟹类	中华绒螯蟹、其他淡水蟹类
	淡水贝类	中华圆田螺、铜锈环棱螺、大瓶螺、三角帆蚌、褶纹冠蚌、背角无齿蚌、河蚬、其他淡水贝类
	其他淡水动物	鳖（甲鱼）、牛蛙、棘胸蛙、蜗牛
冷冻品	冻海水鱼类	冻大黄鱼、冻小黄鱼、冻黄姑鱼、冻白姑鱼、冻带鱼、冻鲳鱼、冻鲅鱼、冻鲐鱼、冻鲈鱼、冻蓝圆（鱼参）、冻石斑鱼、冻鳓鱼、冻海鳗、冻河（鱼）、冻比目鱼、冻鲆鱼、冻沙丁鱼、冻马面（鱼屯）、冻鱼块、冻鱼片、其他冻海水鱼类

续表

类型		种类
冷冻品	冻海水虾类	冻对虾、冻去头对虾、冻鹰爪虾、冻虾仁、冻龙虾、其他冻海水虾类
	冻海水贝类	冻扇贝柱、冻赤贝肉、冻贻贝肉、冻杂色蛤肉、冻蛏肉、冻文蛤肉、冻海螺肉、冻牡蛎肉、其他冻海水贝类
	其他冷冻海产品	冻梭子蟹、冻鱿鱼、冻墨鱼、冻墨鱼片
	冻淡水鱼类	冻银鱼、冻青鱼、冻草鱼、冻鲢鱼、冻鳙鱼、冻鲤鱼、冻鲮鱼、冻鲑鱼、冻鲫鱼、冻鳜鱼、冻泥鳅、冻鳝鱼片、冻黑鱼片、其他冻淡水鱼类
	冻淡水虾类	冻淡水虾、冻淡水虾仁
干制品	鱼类干制品	大黄鱼干（黄鱼鲞）、鳗鱼干、银鱼干、青鱼干、调味马面鱼干、烤鱼片、烤鳗、调味烤鳗、鱼松、其他鱼类干制品
	虾类干制品	虾米（海产）、虾米（淡水）、虾皮、对虾干
	贝类干制品	干贝、鲍鱼干、贻贝干（淡菜）、蛤干、海螺干、牡蛎干、蛏干、其他贝类干制品
	藻类干制品	淡干海带、盐干海带、熟干海带、调味熟干海带、紫菜、裙带菜、石花菜、江禽、麒麟菜、马尾藻、其他藻类干制品
	其他水产干制品	梅花参、刺参、乌参、茄参、鱼翅、鱼皮、鱼唇、明骨、鱼肚、鱿鱼干、墨鱼干、章鱼干
腌制品	腌制鱼	碱鲅鱼、咸鳓鱼、咸黄鱼、咸鲳鱼、咸鲐鱼、咸鲑鱼、咸带鱼、咸鲢鱼、咸鳙鱼、咸馔鱼、咸金线鱼、糟鱼、醉鱼、其他鱼类腌制品
	其他腌制品	咸泥螺、醉泥螺、醉蟹、盐渍海蜇皮、盐渍海蜇头、盐熟裙带菜
罐制品	鱼罐头	清蒸鱼罐头、油浸鱼罐头、鲜炸鱼罐头、茄汁鱼头、五香鱼罐头、熏鱼罐头
	其他水产品罐头	杂色蛤罐头、贻贝罐头、扇贝罐头、海螺罐头、蟹肉罐头
鱼糜及鱼糜制品		鱼糜、鱼香肠、鱼丸、鱼糕、鱼卷、鱼饼、鱼面、虾片、仿蟹肉、仿虾仁、仿扇贝柱
动物蛋白饲料		鱼粉、鱼浆（液体鱼蛋白饲料）
水产动物内脏制品		鲜海胆黄、海胆酱、盐渍海胆黄、鲟鳇鱼籽、鲑鱼籽、盐渍鲱鱼籽、虾籽、乌鱼蛋
助剂和添加剂类		印染用褐藻酸钠、纺织浆纱用褐藻酸钠、食用褐藻酸钠、藻酸丙二酯褐藻酸、铸造用藻胶、琼胶、卡拉胶、甲壳素、鱼胶、鱼油
水产调味品		鱼露、蚝油、虾油、虾酱、虾味汤料、海藻汤料、其他水产调味品
医药品类		甘露醇、碘、角鲨烯、鱼脂酸丸、鱼肝油酸钠、蛋白胨、清鱼肝油、乳白鱼肝油、果汁鱼肝油、维生素AD胶丸、维生素E胶丸、维生素AD滴剂、维生素E滴剂、九合维生素糖丸、六合维生素糖丸、畜禽用鱼肝油、海马、海螵蛸
其他水产品	海藻凝胶食品	海藻蛰皮、海藻果珠、海藻胶果冻粉、海藻果冻、海藻凉粉、海藻鱼籽
	珍珠类	淡水珍珠、海水珍珠、珍珠层粉

3. 典型示例（图8-13，图8-14）

4. 代表示例（图8-15，图8-16）

图8-13 南澳海鲜

图8-14 石斑鱼

图8-15 盱眙小龙虾

5. 本类型调查要则及业态方向

（1）调查关注

①类型；②色泽；③形态；④口感；⑤营养。

（2）适宜旅游业态形式

购物、美食、观光、农业、乡村等。

图8-16 潮汕紫菜

五、GAE养殖业产品及制品

1. 类型说明

具有跨地区声望的养殖业产品及制品。

2. 特性指征

养殖业是利用畜禽等已经被人类驯化的动物，或者鹿、麝、狐、貂、水獭、鹌鹑等野生动物的生理机能，通过人工饲养、繁殖，使其将牧草和饲料等植物能转变为动物能，以取得肉、蛋、奶、羊毛、山羊绒、皮张、蚕丝和药材等畜产品的生产活动，是人类与自然界进行物质交换的极重要环节。养殖业是农业的主要组成部分之一。养殖业包括各种动物的养殖，主要是人为的为动物提供食物和水。

3. 典型示例（图8-17，图8-18）

4. 代表示例（图8-19，图8-20）

5. 本类型调查要则及业态方向

（1）调查关注

①类型；②特性；③用途。

（2）适宜旅游业态形式

农业、乡村、观光、购物、美食等。

图8-17　藏香猪

图8-18　海南土窑鸡

图8-19　蓬莱三宝

图8-20　盐池滩羊

第二节　GB工业产品

一、GBA日用工业品

1. 类型说明

具有跨地区声望的当地生产的日用工业品。

2. 特性指征

日用工业品能够满足人们日常生活使用的需要，具备适用性、卫生性、安全性、耐用性、外观美观性、结构合理性和经济性。其中比较常见的能作为旅游资源的有两大类，一是纺织、服装及日用品：百货，服装、鞋帽，纺织品，针织品及原料，厨房设备（灶具、炊具、厨具、餐具），卫生洁具，日用杂货，化妆品及卫生用品，其他日用品（钟表、眼镜、箱包、灯具）；二是文化体育用品及器材：文具用品，体育用品、体育器材，首饰，工艺美术品，集邮票品，其他文化用品（照相器材、摄像器材、乐器、玩具）。

3. 典型示例（图8-21 ~ 图8-24）

4. 代表示例（图8-25，图8-26）

5. 本类型调查要则及业态方向

（1）调查关注

①类型；②外观；③结构；④用途；⑤质量。

（2）适宜旅游业态形式

购物、观光、工业、会议会展等。

图8-21　服装

图8-22　箱包

图8-23　洗衣液

图8-24　化妆品

图8-25　塑料瓶

图8-26　玩具

二、GBB旅游装备产品

1. 类型说明

具有跨地区声望的当地生产的户外旅游装备和物品。

2. 特性指征

广义的旅游装备，既包括游艇、旅游小飞机、旅游房车、景区索道、游乐设施等大型装备，也包括登山、露营、健步等所需的户外用品。

3. 典型示例（图8-27，图8-28）

4. 代表示例（图8-29，图8-30）

图8-27 潜水服

图8-28 房车

图8-29 游泳圈

图8-30 帐篷

5. 本类型调查要则及业态方向

（1）调查关注

①类型；②外观；③结构；④用途；⑤质量。

（2）适宜旅游业态形式

购物、观光、工业、会议会展等。

第三节 GC手工工艺品

一、GCA文房用品

1. 类型说明

中国传统文房书斋的主要文具。

2. 特性指征

文房用品在古代的文房书斋中，除笔、墨、纸、砚这四种主要文具外，还有一些与之配套的其他器具，它们也是组成文具家族中必不可少的一员，有笔筒、笔架、笔洗、笔舐、臂搁、水丞、镇尺、墨床、印盒、印泥、印章等。

3. 典型示例（图8-31，图8-32）

4. 代表示例（图8-33，图8-34）

图8-31 笔筒

图8-32 毛笔架

5. 本类型调查要则及业态方向

（1）调查关注

①材质；②用途。

（2）适宜旅游业态形式

购物、观光、民俗、研学等。

图8-33　双峰溪砚

图8-34　安徽宣纸

二、GCB织品、染织

1. 类型说明

纺织及用染色印花织物。

2. 特性指征

此类产品通常是通过一定的艺术构思加工制作的产品，承载着本民族的文化传统，也加上了许多现代的艺术元素，所用的材料广泛、种类多。我国西南地区少数民族自古崇尚锦绣，主要的民间织锦有苗锦、土家锦、瑶锦、侗锦、傣锦、布依锦、壮锦、毛南锦八大名锦。民间染织品中还有蜡染、扎染、蓝印花布等著名品种，均各具特色。

3. 典型示例（图8-35，图8-36）

4. 代表示例（图8-37，图8-38）

5. 本类型调查要则及业态方向

（1）调查关注

①题材和内容；②制作原料；③使用工具和制作方法；④用途。

（2）适宜旅游业态形式

购物、观光、民俗、研学等。

图8-35　羊毛毯

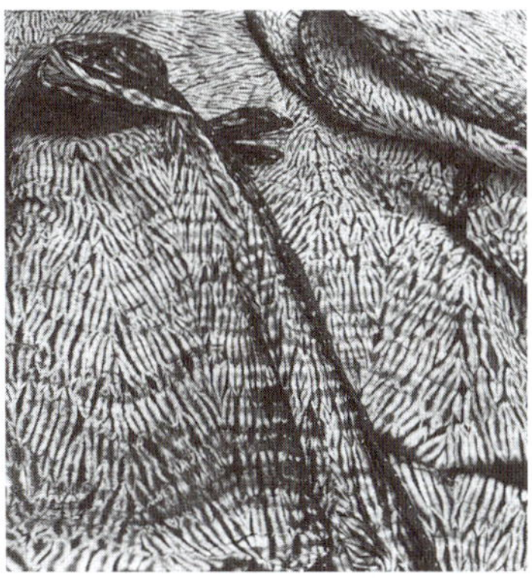

图8-36　大理白族扎染布料

图8-37　刺绣香包

图8-38　黎族纺织

三、GCC家具

1. 类型说明

生活、工作或社会实践中供人们坐、卧或支撑与贮存物品的器具。

2. 特性指征

人类维持正常生活、从事生产实践和开展社会活动必不可少的器具设施大类。家具也跟随时代的脚步不断发展创新，到如今门类繁多，用料各异，品种齐全，用途不一，是建立工作生活空间的重要基础。一些年代久远的老家具颇具收藏价值。

3. 典型示例（图8-39，图8-40）

图8-39　沙发

图8-40　竹椅

4. 代表示例（图8-41，图8-42）

图8-41　黑胡桃木家具

图8-42　衣柜

5. 本类型调查要则及业态方向

（1）调查关注

①类型；②制作原料；③结构、外观形式；④功能；⑤质量水平。

（2）适宜旅游业态形式

购物、观光、民俗、研学等。

四、GCD陶瓷

1. 类型说明

由瓷石、高岭土、石英石、莫来石等烧制而成，外表施有玻璃质釉或彩绘的物器。

2. 特性指征

用陶土烧制的器皿叫陶器，用瓷土烧制的器皿叫瓷器。陶瓷则是陶器、炻器和瓷器的总称。凡是用陶土和瓷土这两种不同性质的黏土为原料，经过配料、成型、干燥、焙烧等工艺流程制成的器物都可以叫陶瓷。

3. 典型示例（图8-43，图8-44）

4. 代表示例（图8-45，图8-46）

5. 本类型调查要则及业态方向

（1）调查关注

①制作原料；②使用工具和制作方法；③结构、外观形式；④用途。

（2）适宜旅游业态形式

购物、观光、民俗、研学等。

图8-43　保突村制陶馆

图8-44　陶瓷

图8-45　景德镇瓷器

图8-46　陶器

五、GCE金石雕刻、雕塑制品

1. 类型说明

用金属、石料或木头等材料雕刻的工艺品。

2. 特性指征

这是指将木材、石头或其他材料通过切割、雕、刻等方法做成预期的形状，称之为雕刻。通过一定的艺术构思加工制作的产品，雕刻技艺精湛。

3. 典型示例（图8-47，图8-48）

4. 代表示例（图8-49，图8-50）

5. 本类型调查要则及业态方向

（1）调查关注

①制作原料；②使用工具和制作方法；③结构、外观形式；④用途。

（2）适宜旅游业态形式

购物、观光、民俗、研学等。

图8-47　蛋壳雕刻

图8-48　木雕

图8-49　蓬莱木雕

图8-50　玉雕

六、GCF金石器

1. 类型说明

用金属、石料制成的具有观赏价值的器物。

2. 特性指征

人类利用金属冶炼技术、石料割切打磨技术制作的器物，包括生产工具、生活用具以及生活用品等，有历史遗存金石器、当代金石器等区分，历史遗存金石器为文物价值属性，当代金石器常见为工艺品属性。

3. 典型示例（图8-51，图8-52）

4. 代表示例（图8-53，图8-54）

5. 本类型调查要则及业态方向

图8-51　金碗

图8-52　熏香炉

图8-53　灵璧石

图8-54　银壶

（1）调查关注

①制作原料；②使用工具和制作方法；③结构、外观形式；④用途。

（2）适宜旅游业态形式

购物、观光、民俗、研学等。

七、GCG纸艺与灯艺

1. 类型说明

以纸材质和灯饰材料为主要材料制成的平面或立体的艺术品。

2. 特性指征

纸艺广义指包括造纸艺术在内的所有与纸有关的工艺；狭义指的是以各种纸张、纸材质为主要材料，通过剪、刻、撕、拼、叠、揉、编织、压印、裱糊、印刷、装帧，装置或者高科技（如激光）等手段制作而成的平面或者立体的艺术品和纸艺作品。灯艺在我国已有很悠久的历史了，它不仅是一种悠闲观赏性的活动，而且它已成为一种文化。

3. 典型示例（图8-55，图8-56）

4. 代表示例（图8-57，图8-58）

图8-55　油纸伞

图8-56　纸灯笼

图8-57　剪纸

5. 本类型调查要则及业态方向

（1）调查关注

①制作方法；②外观形式；③视觉效果。

（2）适宜旅游业态形式

购物、观光、民俗、研学等。

图8-58　里商仁灯

图8-59　油画

八、GCH画作

1. 类型说明

具有一定观赏价值的手工画或作品。

2. 特性指征

在内容上接近客观现实，容易引起人们的共鸣；在形式上很直观，易被广大群众所接受。

3. 典型作品（图8-59，图8-60）

4. 代表作品（图8-61，图8-62）

5. 本类型调查要则及业态方向

图8-60　字画

图8-61　蓬莱书画作

图8-62　布艺贴画

（1）调查关注

①题材和内容；②表现形式（手法）；③文化、艺术、历史价值。

（2）适宜旅游业态形式

购物、观光、民俗、研学等。

应用学习任务

本章小结

本章重点阐述了旅游购品类旅游资源各个基本类型的基础理论知识，在此基础上，详细介绍了每个基本类型在调查时的重点关注内容及其与旅游活动相适宜的要点。通过本章的学习，使学生能够发现并掌握每个基本类型的特点与规律，并能最终结合各种具体的实地旅游景观，顺利完成旅游资源调查笔记的填写，胜任旅游资源普查的工作，从而可以更好地开发利用旅游购品类旅游资源。

思考题

1. 依次判断（图8-63～图8-66）分别属于哪一基本类型的旅游资源。

图8-63

图8-64

图8-65

图8-66

2. 以竹子为加工原料，举例说明可以制造哪些竹制品？
3. 简述日用工业品和旅游装备产品的特点。
4. 手工工艺品包括哪些基本类型？分别对其进行类型说明。

案例应用（讨论题）

调查你所在的市（县）的旅游购品类旅游资源并对调查结果进行讨论。

技能实践

表8-2　旅游资源调查笔记

调查时间	
调查地点	
参加人员	
调查主持	
记录人	
调查关注描述：	
适宜旅游业态形式记述：	

表8-3　旅游购品类旅游资源调查名录

亚类	基本类型	实地调查旅游资源单体名称
GA农业产品	GAA种植业产品及制品	
	GAB林业产品及制品	
	GAC畜牧业产品及制品	
	GAD水产品及制品	
	GAE养殖业产品及制品	
GB工业产品	GBA日用工业品	
	GBB旅游装备产品	
GC手工工艺品	GCA文房用品	
	GCB织品、染织	
	GCC家具	
	GCD陶瓷	
	GCE金石雕刻、雕塑制品	
	GCF金石器	
	GCG纸艺与灯艺	
	GCH画作	

第九章 人文活动旅游资源

学习目标

通过本章节的学习，使学生掌握人文活动类旅游资源各个基本类型的涵义，理解各个基本类型的特性指征，熟悉与基本类型对应的典型景观表现，了解各基本类型的代表景点，能够在实地调查时准确判断旅游资源单体类型，并清楚每个基本类型在调查时应关注的内容及其适宜旅游活动的要点。

旅游管理实践中的困境

在长期历史发展过程中，因各地自然条件和社会环境不同，人们在日常生活中历代相传延续形成了有地方特色的活动项目并保留了下来，人类在这一过程中成长并开创了自身的生存和生活方式，这一方式是文化的创造和文化的结晶，它们生动地体现了民族风貌与特色，构成宝贵的人类文化遗产，有些遗产也构成旅游资源类型。

然而，由于缺乏相关理论知识，人们常常不能准确判断哪些活动属于旅游资源，往往忽略了很多潜在的、有价值的旅游资源，不能把地区或民族的文化特色传播给其他人，也不利于区域文化的传承和发展。

知识导读

人文活动类旅游资源是人们在日常生活中保留有地方特色的活动项目所构成的资源类型，此类资源是在长期历史发展过程中形成的，基于一定的地域民众的生产、生活活动所产生的各种突出人物、重要事件和节庆活动等，其中，由于活动的表现方式更趋向于动感，强调社会参与，对游客更有吸引力。我国地域广阔、历史悠久、自然与人文环境多样、民族众多，在这样的背景下形成了各地、各民族丰富多彩的岁时节令活动，成为重要的旅游资源类型。

第一节　HA人事活动记录

一、HAA地方人物

1. 类型说明

当地历史和现代名人。

2. 特性指征

指在当地各个历史时期，在某领域业绩突出、知名度高、对社会发展起较大作用的人物。

3. 典型人物（图9-1，图9-2）

4. 代表人物（图9-3，图9-4）

5. 本类型调查要则及业态方向

（1）调查关注

①生卒年；②出生及成长地；③相关事件；④重大贡献及影响范围。

（2）适宜旅游业态形式

学习、文化、研学、民俗、节庆、军事、观光等。

图9-1　孔子

图9-2　鲁迅

图9-3　李大钊

图9-4　秦始皇

二、HAB地方事件

1. 类型说明

当地发生过的历史和现代事件。

2. 特性指征

比较重大、对一定的人群产生一定影响的事情，包括战争事件、自然灾害事件、事故灾难。发生的事件对历史发展所产生的影响或者是事物本身所具有的特殊意义，对于研究社会变迁和对传统文化的传承具有意义。

3. 典型事件（图9-5，图9-6）

4. 代表事件（图9-7，图9-8）

图9-5　海南白沙起义

图9-6　九一八事变

图9-7　淮海战役

5. 本类型调查要则及业态方向

（1）调查关注

①发生时间；②影响及意义。

（2）适宜旅游业态形式

文化、研学、军事等。

图9-8　唐山大地震

第二节　HB岁时节令

一、HBA宗教活动与庙会

1. 类型说明

宗教信徒举办的礼仪活动，以及节日或规定日子里在寺庙附近或既定地点举行的聚会。

2. 特性指征

宗教是人类社会发展到一定历史阶段出现的一种文化现象，属于社会特殊意识形态，是一种文化资源，能够为人类利用或再利用并创造价值。当今世界主要的宗教有：道教、基督教、伊斯兰教、佛教、犹太教、印度教等。

庙会，又叫“庙市”或“节场”，是中华文化传统的节日风俗。早期庙会仅是一种隆重的祭祀活动，随着经济的发展和人们交流的需要，庙会就在保持祭祀活动的同时，逐渐融入集市交易活动。这时的庙会又得名为“庙市”，成为中国市集的一种重要形式。随着人们的需要，又在庙会上增加娱乐性活动。于是过年逛庙会成了人们不可缺少的过年内容。但各地区庙会的具体内容稍有不同，各具特色。庙会流行于中国广大地区，世界各地的唐人街和华人社区在春节期间也有庙会活动。

3. **典型活动**（图9-9～图9-12）

4. **代表活动**（图9-13，图9-14）

图9-9　道教文化活动

图9-10　佛教盂兰盆法会

图9-11　庙会

图9-12　开斋节活动

图9-13　广府庙会

图9-14　福建客家“走古事”

5. 本类型调查要则及业态方向

（1）调查关注

①活动背景；②举办时间；③活动内容和形式；④活动程序；⑤规模（参与人数）。

（2）适宜旅游业态形式

宗教、民俗、观光、文化、研学等。

二、HBB农时节日

1. 类型说明

当地与农业生产息息相关的传统节日。

2. 特性指征

具有时间的周期性与暂时性，空间的民族性与地域性，一般有明确的主题宗旨。其实质是对农业生产过程中何时该做何事，即所谓“农时”的标识。

3. 典型节日（图9-15，图9-16）

4. 代表节日（图9-17，图9-18）

图9-15　晒秋

图9-16　开渔祭海

图9-17　丰收节

图9-18　耕牛节

5. 本类型调查要则及业态方向

（1）调查关注

①举办时间；②活动内容和项目；③活动形式；④农产品的类型、种类；⑤规模（参与人数）。

（2）适宜旅游业态形式

节庆、民俗、观光、文化、研学等。

三、HBC现代节庆

1. 类型说明

当地定期或不定期的文化、商贸、体育活动等。

2. 特性指征

现代节庆是指形成的时间比较短，而且节庆举办地基本固定，参与人数没有其他类的节庆多，不具有全民性。少数民族的传统节日具有全民性，不包含在现代节庆中。另一含义是指以文化背景开展的节庆活动，如展览、会议、文艺表演，有丰富多彩的活动项目，还有较高的文化品位和较强的参与性。一般能推动当地经济（特别是旅游经济）发展而策划出的现代经济文化节庆。持续时间可以是几天、十几天、几十天甚至几个月，举办规模也比较大。

3. 典型节庆（图9-19，图9-20）

4. 代表节庆（图9-21，图9-22）

5. 本类型调查要则及业态方向

（1）调查关注

①文化背景；②举办时间；③活动内容和项目（商品类型、种类）；④活动形式；⑤规模（参与人数）。

（2）适宜旅游业态形式

节庆、观光、会议会展、美食、赛事、娱乐等。

图9-19　昌江非遗活动

图9-20　秦皇岛马拉松比赛

图9-21　哈尔滨冰雪节

图9-22　青岛国际啤酒节

应用学习任务

本章小结

本章重点阐述了人文活动类旅游资源各个基本类型的基础理论知识，在此基础上，详细介绍了每个基本类型在调查时的重点关注内容及其与旅游活动相适宜的要点。通过本章的学习，使学生能够发现并掌握每个基本类型的特点与规律，并能最终结合各种具体的实地旅游景观，顺利完成旅游资源调查笔记的填写，胜任旅游资源普查的工作，从而可以更好地开发利用人文活动类旅游资源。

思考题

1. 列举一位名人并讲述其相关事迹。
2. 作为旅游资源的事件通常指＿＿＿＿＿＿、＿＿＿＿＿＿的事情，包括＿＿＿＿＿＿、＿＿＿＿＿＿、＿＿＿＿＿＿。
3. 宗教的含义是什么？
4. 简述庙会的发展过程。
5. 对农时节日的特性指征进行说明。
6. 如何理解现代节庆的旅游价值？

案例应用（讨论题）

调查你所在的市（县）的人文活动类旅游资源并对调查结果进行讨论。

技能实践

表9-1 旅游资源调查笔记

调查时间	
调查地点	
参加人员	
调查主持	
记录人	

调查关注描述：

适宜旅游业态形式记述：

表9-2 人文活动类旅游资源调查名录

亚类	基本类型	实地调查旅游资源单体名称
HA人事活动记录	HAA地方人物	
	HAB地方事件	
HB岁时节令	HBA宗教活动与庙会	
	HBB农时节日	
	HBC现代节庆	

第十章 旅游资源开发

学习目标

通过本章节的学习，使学生掌握旅游资源开发的基本概念，理解旅游资源开发的目的和意义，熟悉掌握旅游资源开发的原则与基本形式，了解基于旅游资源信息的旅游规划、旅游产品（项目）开发可行性研究报告的基本编制要求与方法，掌握能够根据旅游资源基础情况和基础条件，提出开发创意策划及空间布局设计、产品项目服务设计的要点。

旅游管理实践中的困境

开发旅游资源，发展旅游经济对地域广阔、自然及人文旅游资源丰富的乡村而言，可以带来诸如促进农民增收、加快基础设施建设等众多的乡村经济振兴效应，但在乡村旅游资源开发的同时，也不可忽视旅游资源开发给旅游资源环境的保护带来的负面影响。

在旅游资源开发过程中，类似于“公地的悲剧”这类外部不经济现象是经常发生的。改革开放以来，有些地方政府为了局部利益和眼前利益，不顾全局，不顾长远，对旅游资源进行掠夺性开发，造成了部分资源的破坏。有的单位不按规划建设，乱搭乱建，严重破坏旅游环境；有的旅游区废物随地乱扔，恣意污染环境；有的在一个狭小区域低水平重复建设同类旅游产品，既浪费旅游资源，又分割客源市场。这些悲剧就是各区域市场主体在追求自我效用最大化时形成的旅游经济发展悲剧。

第一节　旅游资源开发概念

一、旅游资源开发定义

旅游资源开发是指依托旅游资源转化成旅游产品或旅游目的地经营项目的过程，包括开发可行性研究、经济效益预测分析、发展规模和程度的制定、项目开发实施及运行监督。

在现实条件下，旅游资源群/旅游资源组合区通常会取代旅游资源单体作为研究对象。把握旅游资源开发的概念，对从事旅游领域工作的人员而言，有着非常重要的意义。

二、旅游资源开发原则

1. 以全面准确的科学普查为基础

通过旅游资源普查，可以全面了解旅游资源的特色、性质，为确定开发导向提供有力证据。旅游资源的调查应当按照国家标准实施，并以信息化技术手段，使用旅游源信息数据管理系统进行管理。

2. 以市场分析与定位研究为前提

在进行旅游资源开发前一定要进行市场调查和市场预测，准确掌握市场需求及其变化规律，结合旅游资源特色，确定开发主题、规模和层次。要求开发者要有前瞻性的眼光，善于预测市场发展变化的趋势，并注意分阶段进行。

在市场调查过程中，应当重视目标客户群体的消费行为画像技术应用，提供数据信息分析报告，为市场营销做好基础准备。

3. 以创意策划与整体空间设计的独创性为重点

审美是旅游消费行为的必然动机与需求，应充分应用美学原理做好旅游资源开发工作，具有吸引力的旅游资源开发必然具有体验主题，必定是伴随着引起旅游消费者共鸣的多种表达结合、体现和传递的呈现，发挥主观创造力是旅游资源开发方式的独特性与新颖性的根本需要。旅游主题创意及空间设计布局是旅游资源开发的关键。

4. 以友好的自然与人文环境可持续为制衡

旅游资源的开发必须坚持可持续发展的原则，包括旅游资源开发的公平性、持续性、共同性等。忽视自然或人文环境的影响，可能会导致旅游资源开发后，不仅不能形成社会及经济效益，反而造成资源浪费及社会问题。所以，在开发旅游资源的工作中，坚持以友好的、共享的用度为限，是旅游开发工作的必要条件。

5. 以投融资建设和开发运营可操作为支撑

旅游资源的开发需要大量资金的持续支持，旅游资源所在地的社会经济发展现状、经济发展战略，以及旅游开发投资优惠政策等因素，都直接影响旅游资源开发成果。因此，旅游资源开发决策明确后，开发政策的制定与实施是旅游资源开发工作的重要保障。

旅游资源开发后的经营更是需要很多人力、财力的支撑，在进行旅游资源开发前一定要进行需求预测与人才培养，以确保运营可操作。

三、旅游资源开发程序

1. 确定旅游资源开发项目

（1）确定旅游资源开发项目的方法是进行项目的可行性分析，其中，分析工作的主要内容包括：资源调查与评价、社会经济环境分析、客源市场分析、环境影响分析、投资效益分析。此项工作通常由市场调查评估等专业团队实施完成。

（2）在进行项目开发可行性分析后，还要着手编制项目开发的总体规划，规划基本内容包括：确定发展目标、旅游资源开发定位、确定规划区范围和规模性质、进行项目总体布局、决定开发顺序和步骤等基本内容。此项工作通常由旅游规划设计单位组织专家团队定制化设计完成，旅游资源开发报告则作为项目开发政府立项的审批依据。

2. 开展具体项目设计

确定旅游资源开发可研报告及开发规划后，应当按照开发规划的设计要求，组织开发建设单位进行建装施工设计工作，包括开发建设中建筑项目的建筑与装修设计、项目场所实施设备建筑安装设计等。这些工作通常由建筑设计机构专业团队完成，并形成政府报建审批资料。

3. 项目实施与监控

项目建设施工立项审批完成后，依照审批要求组织开展建设施工作业，并按照相关建设标准要求完成后施工验收。在建设过程中，项目开发方应当组织或聘请专业监理机构人员实行施工监督工作，确保项目建设质量要求达到设计标准。

四、旅游资源开发内容

1. 解决和提高旅游资源所在地的可进入性

可进入性是指旅游资源所在地同外界(特别是同主要客源市场地区)的交通联系及其内部交通条件的通畅和便利程度。开展交通道路及运输解决形式的基础建设，是旅游资源开发的首要内容和基本前提，没有有效通达能力和条件，旅游资源开发也就无从谈起了。

2. 建设和完善旅游基础设施

旅游资源开发的基础任务应当包括一般公用事业设施开发建设，例如供水系统、排污系统、供电系统、道路系统建设等，以及与这些系统有关的配套设施，例如停车场、车站、码头、户外夜间照明设施等。

在大的旅游区域开发中，还应当建设满足现代社会生活所需要的基本设施或条件，如医院、银行、购物店、公园、治安管理机构等。

3. 开发建设与管理旅游景区、景点

旅游资源开发工作不仅包括新建景区、景点，同时，可能更多的任务还是对原有景区、景点的改扩建开发，包括建筑设施设备硬件的开发与建设，以及景区游客活动项目、活动形式等服务项目内容的开发与更新。

4. 培训能够胜任专业水平的旅游从业人员

旅游资源开发应当包括旅游开发地区的旅游从业人员队伍建设和素质提升，没有人力资源的开发及从业能力的规范提升，旅游开发地的产品服务质量支撑就没有保障基础，培训能够胜任旅游产业工作的人员是旅游经济产业项目质量的关键因素。

五、旅游资源开发方法

1. 新建开发

依托资源及条件，从无到有的将旅游资源产品化、规模化的开发建设，形成旅游目的地产业发展的基础格局。

2. 利用开发

在现有资源条件基础上，赋能式建设打造旅游服务及体验产品，形成维系原有资源体系功能基础上的融合发展。

3. 修复开发

在原有资源基础上，通过恢复、修正的方法，使旅游资源达到可以接待旅游活动的状态，形成有效旅游产品吸引要素内容。

4. 改造开发

通过在原有基础上的改变，使不具有旅游服务功能和价值的资源转变为旅游吸引物。

5. 提高开发

通过对原有资源体品性状况的升级，使其具备旅游利用的功能状态。

六、旅游资源开发的问题

1. 环境污染

旅游是一种个人的行为，对生态环境依赖程度较高，当众多的旅游者把旅游资源当做取之不尽、用之不竭的财富去消费时，其认识上的差距和行为上的不当，就会造成旅游资源一定程度上的损坏和污染，加剧甚至激化旅游与资源、环境的矛盾，破坏甚至会摧毁区域旅游业。在许多景区，旅游者常常图一己之便，随手丢弃各种垃圾，造成环境污染；有的甚至偷猎珍稀动物、盗窃重要文物、毁坏景观建筑物等，给旅游资源环境带来严重破坏。一些生活在景区的居民由于缺乏环保意识，对资源掠夺性开采造成的破坏也令人触目惊心。

2. 文化冲击

很多到乡村旅游目的地的旅游者，为的是了解当地独具特色的民风民俗，接触那里原生态的自然景观，以增长知识、陶冶精神，但是，随着地区旅游资源开发力度的加大，特别是商业行为的冲击，民族地区及乡村区域的特色文化日益受到削弱甚至面临湮灭的危险。

旅游者的行为态度在不知不觉中冲击了当地传统文化、道德观念，旅游经营者出于利益的驱动可能会让服饰、歌舞、节庆和手工艺品等带上利益的色彩来迎合旅游者的需要，使传统生活方式受到影响。

3. 社会冲突

对于旅游者大量到访的旅游区域，特别是旅游人口超过本地常住人口的情况下，旅游区域的生活消费品物价比无旅游消费时期高，会对旅游区域内非旅游接待业消费利益相关者带来冲击，产生生活压迫感，可能导致本地居民对旅游业的不同认识和情绪，从而产生社会冲突。

第二节 旅游开发规划与旅游产品开发研究

一、旅游规划及旅游产品基本概念

1. 全域旅游规划

全域旅游作为指导一个旅游目的地建设的长期发展战略，旅游规划工作需要以一种实事求是的精神、科学的态度和成熟的技术路线，从旅游资源的全新解读、规划编制和实施的机制创新以及创新旅游发展规划布局等方面进行全新的探索，以便使旅游规划真正发挥功效，更好地服务于旅游发展实践，旅游规划自身的理论和技术方法也会在这个过程中不断发展和完善。

2. 旅游专项规划

旅游专项规划是指针对旅游地或旅游区特定课题的研究和规划安排。根据实际需要，可编制的专项旅游规划包括：旅游项目开发规划、旅游线路规划、旅游投融资规划、旅游地建设规划、旅游营销规划、旅游区保护规划、旅游服务设施规划等。

3. 旅游产品

旅游产品是旅游从业者通过开发、利用旅游资源提供给旅游者的旅游吸引物与服务的组合，即旅游目的地向游客提供一次旅游活动所需要的各种服务的总和。

4. 旅游产品开发可行性研究

旅游产品开发可行性研究是指通过对旅游产品开发项目的主要内容和配套条件，如市场需求、资源供应、建设规模、工艺路线、设备选型、环境影响、资金筹措、盈利能力等，从技术、经济、工程等方面进行调查研究和分析比较，并对旅游产品开发项目建成以后可能取得的财务、经济效益及社会影响进行预测，从而提出该旅游产品开发项目是否值得投资和如何进行建设的咨询意见，为旅游产品开发项目决策提供依据的一种综合性的分析方法。

5. 旅游产品开发可行性研究工作特点

具有预见性、公正性、可靠性、科学性。

6. 旅游产品开发可行性研究工作意义

旅游产品开发可行性研究是在投资决策之前，对拟建旅游产品开发项目进行全面技术经济分析论证的科学方法。在确定建设旅游产品开发项目前，具有决定性意义。

二、旅游资源开发规划的主要内容

1. 区域背景条件分析

包括旅游资源所在地的地理位置、自然条件、历史沿革、社会经济基础及制约因素。

2. 旅游资源的评价

根据旅游资源的调查进行定性、定量评价，得出旅游资源的性质、类型、规模、特色、价值和开发条件。

3. 旅游市场需求，预测与拓展规划

旅游市场的开发包括现实市场和潜在市场，需要对旅游市场需求进行规模、数量、客源地、吸引半径的动态预测，并制定相应的扩大客源地和开拓各种旅游市场的营销策略。

4. 旅游区发展的主题和形象

在以上规划基础上，确定旅游区开发规划的指导思想、基本原则、性质、特色、创意、策划和总体构思，确定旅游区开发规划的主题，形成鲜明的旅游形象。

5. 用地结构功能区的划分和线路组织

旅游用地结构组织分为三大类，即直接为旅游者提供服务用地、旅游媒介物建设用地、间接为旅游者提供服务用地。功能区划分原则要突出景观的功能和特点。一般分为景观观赏区、休闲娱乐区、野外活动区、疗养度假区、服务中心区、专业园区、副食品供应区、自然保护区等。设计这些功能区及其与外界联系的路线时，需要考虑游览的组织方式、游览的交通工具的选择与需求量、游览时间的安排及游览路线的安排。

6. 旅游服务设施规划

包括旅行社、旅游饭店、医疗保健、商业服务、休养设施的现状评价、层次分布、规模与预测等方面的规划。

7. 旅游基础设施规划

包括旅游交通规划、电力能源规划、邮政电信通信规划、给水排水规划、污物处理规划、绿湖规划、防洪规划等。

8. 旅游环境容量分析和环境规划

包括旅游环境容量分析、环境保护与可持续发展、保护区的划分和保护重点等内容。

9. 旅游产品开发规划

旅游产品开发要适应市场需求，要与当地经济持续发展水平相适应，抓住时机进行推销。开发要有超前意识，做到“人无我有”“人有我优”或“人优我特”。

10. 从业人员培训计划

包括人力资源现状，需求预测与人才培养的指导思想和目标。在规划时就应该考虑所需的旅游服务人员的数量以及类型。

11. 旅游信息网络规划

包括信息网络开发的指导思想、工程规划和开发策略。

12. 分期规划和投资效益评估

包括分期规划建设项目、旅游投资规划、投资效益分析、综合评价。

13．旅游管理规划

包括旅游区投资、开发和经营方面的管理体制及管理机构的设置，管理职能和政策法律的制定等，以保证旅游资源开发的顺利进行。

14．旅游规划的图件

一般包括旅游资源分布图、交通位置图、开发现状图、总体规划图、用地规划图、保护规划图、绿地规划图、游览路线图、工程管线图、旅游服务设施图、分期规划图、部分详规图等。

三、旅游产品开发可行性研究提纲

1　总论

1.1　项目概述

1.2　编制依据及指导思想

1.2.1　编制依据

1.2.2　指导思想

1.3　主要技术经济指标

1.4　结论

2　项目建设背景及必要性

2.1　项目建设背景

2.1.1　符合国家旅游产业政策

2.1.2　符合地级市旅游产业规划

2.2　项目建设的必要性

2.2.1　有利于产业创新培育

2.2.2　促进地方经济产业结构调整

2.2.3　是现代旅游发展方向的必然选择

2.2.4　有利于增加就业

3　项目规划

3.1　地理位置

3.2　项目定位

4　建设规模和内容

4.1　建设规模

4.2　建设内容

5　项目组织管理

5.1　组织机构

5.2　人力资源管理

5.3　人员培训计划

6　项目实施进度

7　投资估算与资金筹措

7.1　投资估算

7.2　资金筹措

8　财务评价

8.1　预测假设

8.2　主要财务数据预测

8.2.1　主要业务收入预测

8.2.2　成本费用预测

8.2.3　利润预测

8.2.4　现金流量预测

8.2.5　主要财务指标

8.3　财务评价

9　效益分析

9.1　经济效益

9.2　社会效益

9.3　生态效益

10　结论和建议

10.1　结论

10.2　建议

附件　附图、附表

附表1　建设投资估算表

附表2　流动资金估算表

附表3　项目总投资使用计划与资金筹措表

附表4　营业收入、营业税金及附加和增值税估算表

附表5　外购原材料费用估算表

附表6　外购燃料动力费用估算表

附表7　固定资产折旧费用估算表

附表8　无形资产和其他资产摊销费用估算表

附表9　总成本费用估算表

附表10　现金流量估算表

附表11　利润与利润分配表

附表12　借款还本付息计划表

应用学习任务

本章小结

通过对旅游资源开发涉及的原则、程序、方法、内容、问题影响的基本介绍，学习了解旅游资源开发的规划及产品策划文案的规范，掌握旅游资源开发管理的基础知识。

本章首先从不同层面上讲述了旅游资源开发的内涵和外延，然后通过对旅游资源开发活动的属性阐述，使学生构建起旅游资源开发应用工具框架的认识。

旅游资源开发内容及程序作为本章的重点内容，在系统地阐明旅游资源开发原则的基础上，对旅游资源开发程序进行了详细介绍，并重点对构成旅游资源实际核心内容做了详细解释，便于学生理解与记忆。

通过对旅游资源开发应用文件编写大纲的详细介绍，使学生掌握如何对旅游资源开发应用形成基本能力。

思考题

1. 简述旅游资源开发原则。
2. 简述旅游资源开发程序。
3. 具体说明旅游资源开发内容。
4. 举例说明旅游资源开发不当会产生哪些影响。
5. 旅游开发规划报告的层次结构是如何划分的?
6. 旅游产品可研报告的提纲。

技能训练（技能介绍、操作步骤、技能实践）

1. 使用旅游开发规划大纲模板，选择一个旅游资源集聚区做一份规划纲要。
2. 使用旅游产品可研大纲框架，设计某个旅游资源开发旅游产品的可研报告提纲。

参考文献

[1] 尹泽生. 旅游资源详细调查实用指南（GB/T 18972—2003）《旅游资源分类、调查与评价》理解与实施［M］. 北京：中国标准出版社，2006.

[2] 孙鸿烈. 中国资源科学百科全书［M］. 北京：中国大百科全书出版社；东营：石油大学出版社，2000.

[3] 南京大学《自然地理基础》编写组. 自然地理基础［M］. 北京：商务印书馆，1980.

[4] 刘振礼，王兵. 新编中国旅游地理［M］. 天津：南开大学出版社，1996.

[5] 丁季华. 旅游资源学［M］. 上海：上海三联书店，1999.

[6] 陈传康，刘振礼. 旅游资源鉴赏与开发［M］. 上海：同济大学出版社，1990.

[7] 陈诗才. 自然风景旅游［M］. 北京：地震出版社，1993.

[8] 杨桂华，陶犁. 旅游资源学［M］. 昆明：云南大学出版社，1994.

[9] 钱今昔. 中国旅游景观欣赏［M］. 黄山：黄山书社出版社，1993.

[10] 肖星，严江平. 旅游资源与开发［M］. 北京：中国旅游出版社，2000.

[11] 潘宝明，朱安平. 中国旅游文化［M］. 北京：中国旅游出版社，2003.

[12] 国家旅游局人事劳动教育司. 导游知识专题［M］. 北京：中国旅游出版社，2004.

[13] 尹泽生. 地貌学在旅游资源研究中的实际应用［C］. 中国地理学会地貌与第四纪专业委员会. 地貌·环境·发展：1999年嶂石岩会议文集. 北京：中国环境科学出版社，1999.

[14] 孙鸿烈，张荣祖. 中国生态环境建设地带性原理与实践［M］. 北京：科学出版社，2007.

[15] 吴必虎. 区域旅游规划原理［M］. 北京：中国旅游出版社，2001.

[16] 甘枝茂，马耀峰. 旅游资源与开发［M］. 天津：南开大学出版社，2000.

[17]《中国方志大辞典》编辑委员会. 中国方志大辞典［M］. 杭州：浙江人民出版社，1988.

[18] 宋春青，张振春. 地质学基础［M］. 北京：人民教育出版社，1978.

[19] 苏文才，孙文昌. 旅游资源学［M］. 北京：高等教育出版社，1998.

[20] 聂树人. 中国自然地理教学参考书［M］. 济南：山东教育出版社，1987.

[21] 谢贵安，华国梁. 旅游文化学［M］. 北京：高等教育出版社，1997.

[22] 卢云亭. 论新型交叉产业——观光农业［M］. 北京：北京出版社，1995.

[23] 中国科学院地理研究所. 中国1：1000000地貌图制图规范　试行［M］. 北京：科学出版社，1987.

[24] 中国科学院中国自然地理编辑委员会. 中国自然地理地貌［M］. 北京：科学出版社，1980.

[25] 冯天驷. 中国地质旅游资源 [M]. 北京：地质出版社，1998.
[26] 黄进，陈致均. 丹霞地貌定义及分类中一些问题的探讨 [J]. 经济地理,2003,23 (增刊)：6–11.
[27] 彭华. 丹霞地貌分类系统研究 [J]. 经济地理，2002，22 (增刊)：28–35.
[28] 杨景春. 地貌学教程 [M]. 北京：高等教育出版社，1985.
[29] 曹家欣. 第四纪地质 [M]. 北京：商务印书馆，1983.
[30] 耿秀山. 中国海岸类型及其地貌特征 [C]. 杨景春. 中国地貌特征与演化. 北京：海洋出版社，1993.
[31] 河北省地理研究所地貌研究室. 寻找古河道开发地下水 [M]. 北京：科学出版社，1979.
[32] C.A. 雅科甫列夫. 第四纪沉积的研究与地质测量方法指南 [M]. 北京：地质出版社，1958.
[33] 宋石坤. 海滨沙滩浴场的资源评价 [J]. 地理知识，1994，(11)：32–38.
[34] 吴世亮，倪晋仁，李振山. 沙漠沙的筛分粒径与粒径计粒径的比较实验 [J]. 泥沙研究，2002，(01)：60–65.
[35] 朱学稳，陈伟海，黄保健. 我国的喀斯特天坑 [C]. 陈安泽. 喀斯特旅游资源基础理论与开发研究. 北京：地震出版社，2004：30–38.
[36] 梁成华. 地质与地貌学 [M]. 北京：中国农业出版社，2002.
[37] 杨汉奎. 林状地貌及其造貌环境 [C]. 宋林华，丁怀元. 喀斯特景观与洞穴旅游. 北京：中国环境科学出版社，1993：14–18.
[38] 李铁英. 北京石花洞地区的洞穴景观 [C]. 宋林华，丁怀元. 喀斯特景观与洞穴学旅游. 北京：中国环境科学出版社，1993：192–195.
[39] 吴正. 我国的沙漠 [M]. 北京：商务印书馆，1982.
[40] 刘振义. 陨击作用与地貌 [C]. 地貌与第四纪研究进展. 北京：测绘出版社，1991：283.
[41] 李维能. 地貌学 (测绘专业用) [M]. 北京：测绘出版社，1983.
[42] 严钦尚，曾昭璇. 地貌学 [M]. 北京：高等教育出版社，1985.
[43] 韩同林. 发现冰臼 [M]. 北京：华夏出版社，2004.
[44] 潘懋，李铁峰. 灾害地质学 [M]. 北京：北京大学出版社，2002.
[45] 朱学稳. 桂林岩溶 [M]. 上海：上海科学技术出版社，1988.
[46] 谢凝高. 山水审美—人与自然的交响曲 [M]. 北京：北京大学出版社，1991.
[47] 赵魁义. 中国沼泽志 [M]. 北京：科学出版社，1999.
[48] 陈宜瑜. 中国湿地研究 [M]. 长春：吉林科学技术出版社，1995.
[49] 车用太，鱼金子. 饮用天然矿泉水 [M]. 北京：地震出版社，1995.
[50] 周沙尘. 中国的流泉飞瀑 [M]. 北京：中国青年出版社，1987.

[51] 北京市园林技工学校. 植物学 [M]. 北京：北京科学技术出版社，1990.
[52] 张明华. 我国的草原 [M]. 北京：商务印书馆，1982.
[53] 全国园林技工学校. 园林树木学 [M]. 北京：北京科学技术出版社，1999.
[54] 竺可桢，宛敏渭. 物候学 [M]. 北京：科学出版社，1973.
[55] 唐鸣镝，黄震宇，潘晓岚. 中国古代建筑与园林 [M]. 北京：旅游教育出版社，2003.
[56] 安金槐. 中国考古 [M]. 上海：上海古迹出版社，1992.
[57] 楼庆西. 中国小品建筑十讲 [M]. 北京：生活・读书・新知三联书店，2004.
[58] 楼庆西. 中国古建筑二十讲 [M]. 北京：生活・读书・新知三联书店，2002.
[59] 本社. 新中国考古五十年. 北京：文物出版社，1999.
[60] 庄裕光. 古建春秋 [M]. 成都：四川科学技术出版社，1989.
[61] 沈福煦. 中国古代建筑文化史 [M]. 上海：上海古迹出版社，2001.
[62] 中国青年出版社编辑部. 中国古代史常识（专题部分）[M]. 北京：中国青年出版社，1980.
[63] 中国青年出版社编辑部. 中国古代史常识（历史地理部分）[M]. 北京：中国青年出版社，1980.
[64] 张驭寰. 中国古建筑百问 [M]. 北京：中国档案出版社，2000.
[65] 杨曾文. 中国佛教基础知识 [M]. 北京：宗教文化出版社，1999.
[66] 罗哲文. 中国古塔 [M]. 北京：中国青年出版社，1985.
[67] 鸣松. 中国古代史简明问答 [M]. 北京：新华出版社，1985.
[68] 覃力. 说亭 [M]. 济南：山东画报出版社，2004.
[69] 覃力. 说楼 [M]. 济南：山东画报出版社，2004.
[70] 安旭. 旅游文物艺术 [M]. 天津：南开大学出版社，1990.
[71] 潘谷西. 中国建筑史（第五版）[M]. 北京：中国建筑工业出版社，2004.
[72] 蒙宪，郭辉. 中国少数民族风俗与传说 [M]. 海口：南海出版公司，1991.
[73] 范玉梅. 中国的民间节日 [M]. 北京：人民出版社，1986.
[74] 胡兆量，阿尔斯朗，琼达. 中国文化地理概述 [M]. 北京：北京大学出版社，2001.
[75] 马寅. 中国少数民族常识 [M]. 北京：中国青年出版社，1984.
[76] 杨阿莉. 旅游资源学 [M]. 北京：北京大学出版社，2016.
[77] 保继刚，楚义芳. 旅游地理学 [M]. 北京：高等教育出版社，1993.
[78] 巴兆祥. 中国民俗旅游 [M]. 福州：福建人民出版社，2006.
[79] 陈安泽，卢云亭. 旅游地学概论 [M]. 北京：北京大学出版社，1991.
[80] 柴彦威，林涛，刘志林，等. 旅游中心地研究及其规划应用 [J]. 地理科学，2003,（5）：547–553.

[81] 陈兴中，方海川，汪明林. 旅游资源开发与规划 [M]. 北京：科学出版社，2005.
[82] 陈福义，范保宁. 中国旅游资源学 [M]. 北京：中国旅游出版社，2003.
[83] 陈烈，黄海. 论民俗旅游资源的基本特征及其开发原则 [J]. 热带地理，1995 (3): 272-277.
[84] 陈鹰. 旅游资源评价体系研究 [M]. 北京：红旗出版社，2007.
[85] 蔡琴. 湖南环洞庭湖区域旅游资源整合研究 [D]. 上海：华东师范大学，2010.
[86] 邓爱民，刘代全. 旅游资源开发与规划 [M]. 北京：旅游教育出版社，2000.
[87] 邓永进. 民俗风情旅游 [M]. 昆明：云南大学出版社，1997.
[88] 段圣奎. 区域旅游资源整合研究——以三峡库区为例 [D]. 重庆：重庆师范大学，2007.
[89] 冯翔，高峻. 从全新视角看国外区域旅游合作研究 [J]. 旅游学刊，2013，28 (4): 57-65.
[90] 冯学钢. 旅游地理学 [M]. 北京：高等教育出版社，2006.
[91] 高峻，刘世栋. 可持续旅游与环境管理 (理论·案例) [M]. 天津：南开大学出版社，2009.
[92] 高亚芳. 构建旅游目的地导向的"H-CSSR"资源分类、评价体系 [J]. 旅游学刊，2006，(2): 11-12.
[93] 国家旅游人事劳务教育司. 旅游规划原理 [M]. 北京：旅游教育出版社，1999.
[94] 国家旅游局. 旅游发展规划管理办法 [N]. 中国旅游报，2000-11-08.
[95] 郭伟. 旅游规划原理与实务 [M]. 北京：北京大学出版社，2012.
[96] 韩国河. 河南省潜在宗教文化旅游资源开发研究 [J]. 郑州大学学报 (哲学社会科学版)，1995，(4): 77-81.
[97] 韩杰. 现代世界旅游地理学 [M]. 青岛：青岛出版社，1997.
[98] 韩杰. 旅游地理学 [M]. 大连：东北财经大学出版社，2002.
[99] 何方永. 中国西部省域生态旅游发展潜力评价 [J]. 干旱区资源与环境，2015，29 (4): 189-194.
[100] 何调霞. 景区旅游资源评价 [M]. 上海：复旦大学出版社. 2011.
[101] 何效祖.《旅游资源分类》问题的初步诊断分析 [J]. 旅游学刊，2005，(6): 9-10.
[102] 侯冲. 宗教生态旅游与21世纪人类文明 [J]. 思想战线，2000，(5): 90-92,120.
[103] 黄万鹏，方仁. 区域"旅游反规划"初探 [J]. 桂林旅游高等专科学校学报，2007，(5): 682-685.
[104] 金海龙，石高俊，谭传凤. 中国旅游地理 [M]. 北京：高等教育出版社，2002.
[105] 赖良杰. 旅游资源开发与规划 [M]. 北京：高等教育出版社，2005.
[106] 雷达. 文化资源旅游产业化开发的若干思考 [N]. 中国旅游报，2012-07-02.

[107] 李长荣. 生态旅游的可持续发展 [M]. 北京：中国林业出版社，2004.
[108] 李传永，李恬. 试论民俗旅游资源 [J]. 四川师范学院学报哲学社会科学版，2001，(4)：62–66.
[109] 李鼎新，艾艳丰. 旅游资源学 [M]. 北京：科学出版社，2004.
[110] 李明伟. 构建国家公园体系，实现旅游资源保护与利用双赢 [N]. 中国旅游报，2014–09–26.
[111] 李庆雷，明庆忠. 旅游规划：技术与方法 [M]. 天津：南开大学出版社，2008.
[112] 李瑞，王义民. 旅游资源的规划与开发 [M]. 郑州：郑州大学出版社，2002.
[113] 李艳娜. 我国旅游规划内容综述 [J]. 重庆商学院学报，2002，(3)：37–39.
[114] 李燕琴，张茵，彭建. 旅游资源学 [M]. 北京：清华大学出版社，2007.
[115] 李悦铮，李鹏升，黄丹. 海岛旅游资源评价体系构建研究 [J]. 资源科学，2013，(2)：304–311.
[116] 梁修存，丁登山. 国外旅游资源评价研究进展 [J]. 自然资源学报，2002，(2)：253–260.
[117] 刘春. 旅游资源开发与规划 [M]. 天津：天津大学出版社，2010.
[118] 刘德谦. 关于区域旅游合作的思考——当前中国区域旅游合作的难点与机遇 [J]. 旅游学刊，2008，(3)：13–18.
[119] 刘纬华. 关于社区参与旅游发展的若干理论思考 [J]. 旅游学刊，2000，(1)：47–52.
[120] 刘益. 从旅游规划角度论《旅游资源分类、调查与评价》的实践意义 [J]. 旅游学刊，2006，21 (1)：8–9.
[121] 刘振礼. 新编中国旅游地理 [M]. 天津：南开大学出版社，2011.
[122] 骆高远，吴攀升，马骏. 旅游资源学 [M]. 杭州：浙江大学出版社，2006.
[123] 罗福源. 我国宗教旅游资源及其开发研究 [J]. 社会科学家，2004，(1)：87–89.
[124] 罗世伟，张述林，赵小鲁. 重庆市旅游资源评价体系探讨 [J]. 重庆师范大学学报·自然科学版，1998，(3)：15–20，28.
[125] 罗兹柏. 中国旅游地理 [M]. 天津：南开大学出版社，2000.
[126] 马洪元. 旅游资源规划实用教程 [M]. 天津：南开大学出版社，2009.
[127] 马耀峰，宋保平，赵振斌. 旅游资源开发 [M]. 北京：科学出版社，2005.
[128] 孟爱云. 旅游资源开发与规划 [M]. 北京：北京大学出版社，2013.
[129] 邱扶东. 民俗旅游学 [M]. 上海：立信会计出版社，2006.
[130] 全华. 旅游资源开发与管理 [M]. 北京：旅游教育出版社，2011.
[131] 石峰. 旅游资源概论 [M]. 青岛：中国海洋大学出版社，2010.
[132] 史光亚. 基于地理信息系统（GIS）的图书馆信息管理与服务 [J]. 高校图书情报论

坛，2009，8（3）：55-57.
[133] 石秀华．中国古代旅游文化类型及其特征［J］．武汉科技大学学报（社会科学版），2002，4（1）：93-95.
[134] 宋春青，张振春．地质学基础［M］．北京：人民教育出版社，1997.
[135] 苏文才，孙文昌．旅游资源学［M］．北京：高等教育出版社，1997.
[136] 孙玉梅．论旅游的可持续发展［M］．北京：经济日报出版社，2006.
[137] 唐发华，仇奔波．世界旅游地理［M］．南京：江苏教育出版社，1996.
[138] 唐文跃．地方性与旅游开发的相互影响及其意义［J］．旅游学刊，2013，（4）：9-11.
[139] 王春丽．甘肃生态旅游资源数字化系统的开发与应用［J］．硅谷，2009，（11）：49-50.
[140] 王建军，郑进军．旅游资源调查和评价信息系统的开发［J］．旅游学刊，2014，（1）：57-60.
[141] 王京传．大遗址旅游：保护与开发的协同实现［J］．社会科学家，2009，（1）：92-95，99.
[142] 王柯平．旅游美学新编［M］．北京：旅游教育出版社，2000.
[143] 王莉霞．中国旅游资源教程［M］．西安：陕西人民出版社，2006.
[144] 王倩．基于委托代理的公共旅游资源开发与保护激励机制研究［D］．广州：暨南大学，2011.
[145] 王守华，王小力．旅游资源学［M］．昆明：云南人民出版社，1996.
[146] 王兴斌．旅游产业规划指南［M］．北京：中国旅游出版社，2000.
[147] 王瑛，王铮．旅游业区位分析——以云南为例［J］．地理学报，2000，（3）：346-353.
[148] 王作鏞．试论旅游资源在旅游业发展中的地位［J］．福建地理，2003，（2）：31-33.
[149] 魏来，梁永宁．旅游景区数字化建设研究：以云南石林为例［J］．数字与缩微影像，2009，（1）：23-27.
[150] 文谨，王瑾．旅游资源的数字化建设及其开发利用——以北京为例［J］．首都师范大学学报（自然科学版），2004，25（2）：71-75.
[151] 王亚欣．生态脆弱民族地区旅游开发思考—以内蒙古额济纳旗旅游开发为例［J］．中央民族大学学报（哲学社会科学版），2008，35（1）：43-48.
[152] 吴国清．旅游资源开发与管理［M］．上海：上海人民出版社，2010.
[153] 吴国清．世界旅游地理［M］．上海：上海人民出版社，2004.
[154] 吴桂生．论宗教文化旅游资源的利用与开发［J］．湖南商学院学报，2004，11（4）：68-70.
[155] 吴宜进．旅游资源学［M］．武汉：华中科技大学出版社，2009.
[156] 吴忠军．文化人类学方法在旅游规划中的应用［J］．桂林旅游高等专科学校学报，2002，（1）：39-45.
[157] 谢彦君．基础旅游学［M］．北京：中国旅游出版社，2004.

[158] 许春晓. 21世纪中国旅游地理学的新领域：旅游资源非优区研究 [J]. 旅游学刊，2000，(1)：59–62.
[159] 徐嵩龄. 中国遗产旅游业的经营制度选择——兼评“四权分离与制衡”主张 [J]. 旅游学刊，2003，(4)：30–37.
[160] 徐学书. 旅游资源开发与保护 [M]. 南京：东南大学出版社，2009.
[161] 徐万佳. 向天空要旅游资源 [N]. 中国旅游报，2011–02–28.
[162] 杨桂华. 旅游资源学 [M]. 昆明：云南大学出版社，1999.
[163] 杨亮，张纪群. 民间艺术的旅游美学价值 [J]. 山东社会科学，2007，(7)：66–68.
[164] 杨阿莉. 增长极理论对西部生态旅游规划的启示 [J]. 开发研究，2006，(6)：79–82.
[165] 杨阿莉. 从产业融合视角认识乡村旅游的优化升级 [J]. 旅游学刊，2011，(4)：9–11.
[166] 杨晓燕. 长三角区域旅游资源整合研究 [D]. 上海：上海师范大学，2005.
[167] 杨学峰. 旅游资源学 [M]. 北京：中国发展出版社，2009.
[168] 杨勇. 旅游资源与旅游业发展关系研究 [J]. 经济与管理研究，2008，(7)，22–27.
[169] 杨载田. 中国旅游地理 [M]. 北京：科学出版社，1999.
[170] 杨振之. 旅游资源开发与规划 [M]. 成都：四川人民出版社，2002.
[171] 叶昊. 生态旅游资源的分类研究 (上) [N]. 中国旅游报，2008–4–7.
[172] 于德珍. 旅游美学 [M]. 天津：南开大学出版社，2008.
[173] 俞孔坚，李迪华. 论反规划与城市生态基础设施建设 [C]. 杭州市园林文物局. 杭州城市绿色论坛论文集. 北京：中国美术学院出版社，2002. 2005 (9).
[174] 喻学才. 旅游资源学 [M]. 北京：北京工业出版社，2008.
[175] 张广海，王佳. 我国旅游资源竞争力综合评价及其开发类型研究 [J]. 中国海洋大学学报 (社会科学版)，2013，(2)：43–50.
[176] 张慧. 区域旅游整合开发研究—以鄂西地区为例 [D]. 武汉：华中师范大学，2008.
[177] 张景群. 旅游资源评价与开发 [M]. 西安：西北农林科技大学出版社，2003.
[178] 张连生. 青藏高原旅游资源及其评价研究 [D]. 西宁：青海师范大学，2009.
[179] 张伟强. 旅游资源开发与管理 [M]. 广州：华南理工大学出版社，2005.
[180] 张武，陈学军. 旅游资源学 [M]. 哈尔滨：哈尔滨地图出版社，2007.
[181] 郑群明. 全新旅游资源学 [M]. 北京：中国科学技术出版社，2008.
[182] 周明. 世界旅游资源概论 [M]. 西安：陕西旅游出版社，1997.
[183] 扎西达吉. 川滇藏茶马古道区域旅游合作研究 [J]. 西藏科技，2013，(10)：19–20，35.
[184] 庄志民. 旅游美学 [M]. 上海：上海三联出版社，1999.